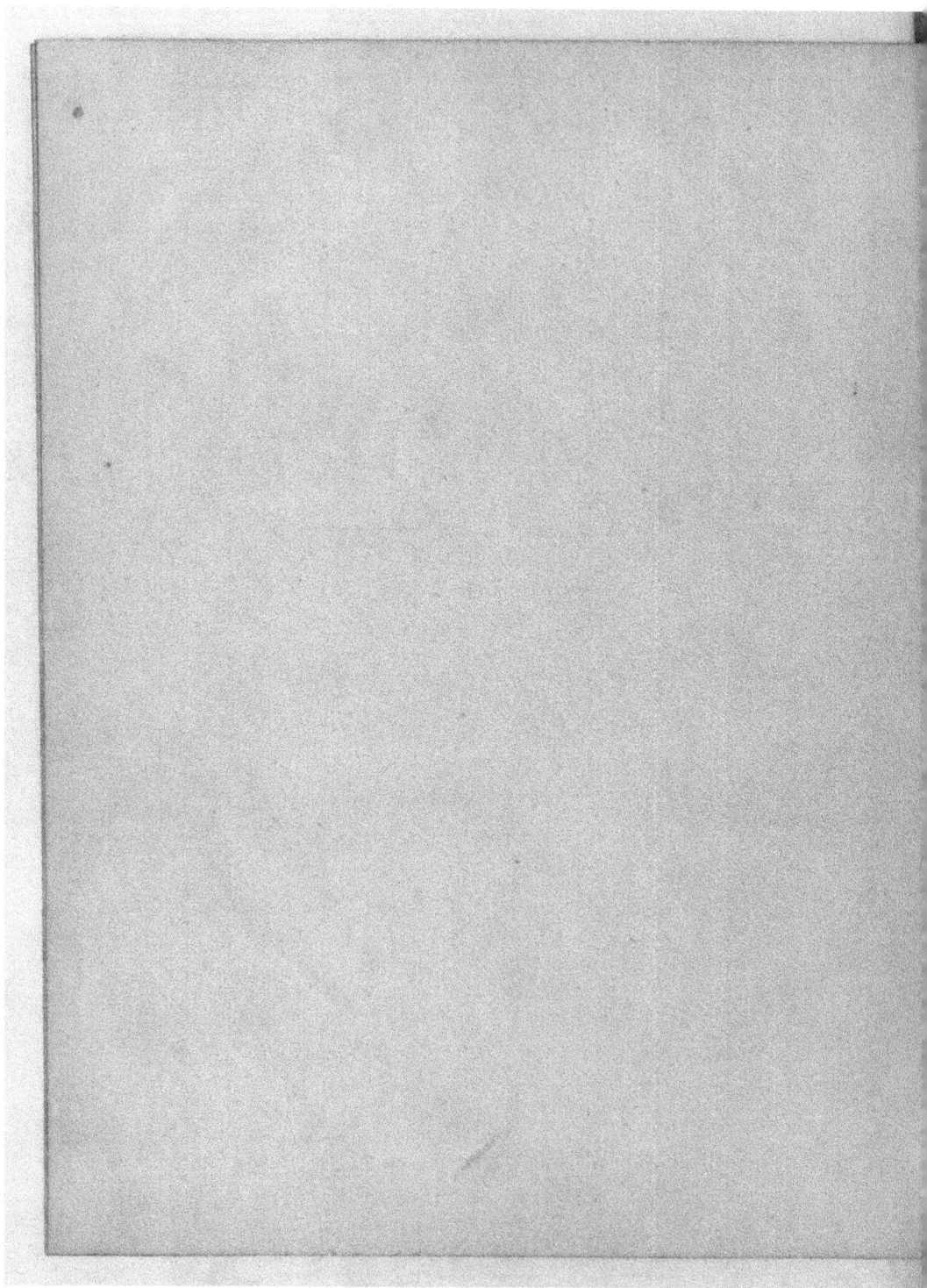

STATUTS,

ORDONNANCES ET RÉGLEMENS,
ARRESTS DU CONSEIL D'ÉTAT,

LETTRES PATENTES,

ET ARRESTS DE LA COUR DE PARLEMENT
D'ENREGISTREMENT,
ET SENTENCES DE POLICE
EN FORME DE RÉGLEMENT.

POUR LA COMMUNAUTÉ DES MAITRES JARDINIERS de la Ville, Fauxbourgs & Banlieue de Paris, avec la réunion au profit de ladite Communauté, des Charges de Jurés héréditaires d'icelles, Offices d'Auditeurs Examinateurs des Comptes, & aussi des Offices d'Inspecteurs & Contrôleurs de ladite Communauté.

Réimprimés à la diligence & par les soins de Messieurs PIERRE FAUCHEUX, LOUIS BAUDIN, MICHEL CHOISY, & NICOLAS BRUSLEY, tous quatre Jurés en Charge de ladite Communauté.

M. OIN DORNEL, Doyen.

Me CHRISTOPHE DE LA PLACE, l'aîné, Procureur au Châtelet de ladite Communauté.

Et le Sr ANTOINE-ALEXANDRE-JOSEPH BOURGEOIS, Huissier à Cheval au Châtelet de Paris, & de ladite Communauté.

A PARIS,
De l'Imprimerie de GRANGÉ, rue de la Parcheminerie.

M. DCC. LXV.

EXTRAIT

Des anciens Statuts & Réglemens de la Communauté des Maistres Jardiniers de la Ville, Fauxbourgs, Banlieue, Prevôté & Vicomté de Paris, tirés de la Chambre de Monsieur le Procureur du Roi au Chastelet de Paris, en semble les Arrests du Conseil d'Etat du Roy, Lettres-Patentes, Arrests de la Cour de Parlement, d'Enregistrement d'icelles, sous les Regnes de Louis XI. de Henry III. Henry IV. Louis XIII. & Louis XIV.

POUR ce qu'il est venu à la connoissance de Justice, par la complainte de plusieurs Bourgeois de Paris, de plusieurs Laboureurs, Marchands Mareschers, Jardiniers, & aussi d'autres que la Ville de Paris, & des Villes voisines; & autrement que sur le fait de la marchandise, tant d'eschallas que de Merrien à Treilles & Vignes, & aussi des Oziers que l'on amene à Paris, pour vendre à tres-grandes fraudes & deceptions,

A ij

au préjudice de la chofe publique , tant pour ce que lefdites denrées ne font pas bonnes ni marchandes ; mais font fardées & de plus petit moiffin qu'elles ne doivent eftre comme autrement , qui eft prejudice & lézion de commun peuple , & contre les Ordonnances anciennes faites fur lefdites Marchandifes.

2. L'on commande & eft enjoint de par le Roy noftre Sire , & Monfieur le Prevoft de Paris , à tous Marchands quelconques qui feront dorefnavant venir en cette Ville de Paris aucun Merrien à Treilles ou Efchallas & Oziers , ou autres Merrien à Vignes , tant par eau qu'autrement , que premierement & avant qu'ils faffent iceluy Merrien defcendre fur terre , expofer en vente ni mettre en Chantier , ils le faffent voir & vifiter par les Jurez en ladite marchandife , qui à ce faire font commis & eftablis , fur peine de 40. fols parifis d'amende appliquée au Roy , noftre Sire.

3. Iterε , que nul ne foit fi ofé ou hardy de contrefaire ou vendre Merrien à Treille , qui foit pris & levé de Seine ou d'autre riviere , & audit lieu , & pour celui qui fera venu de la riviere de Marne , pour ce qu'il n'eft pas fi bon ni fuffifant , mais qu'on n'y faffe les differences de toute ancienneté accouftumées pour connoiftre & difcerner l'un de l'autre. C'eft à fçavoir que lefdits Merrien de la rivierede Marne , qui eft le meilleur de toute ancienneté , foit lié à double liens & refmondé par en haut , & celuy qui viendra de Seine ou d'autre riviere au lieu que de Marne , ne foit point émondé par en haut , & ne foit lié qu'à fimple lien , & qu'il ne foit point lié à deux pieds prés du bois , afin

de mieux connoiſtre la difference l'un de l'autre , à ce que le peuple n'en ſoit point deſceu ſur ſembla- ble peine que deſſus.

4. Item, que toutes Perches à Treilles qui ſeront en quarteron, ayent chacune de haut cinq pieds , le gros d'un poulce fourny du moins , & les douzaines à la qualité.

5. Item , que les Perches qui ſeront en ſizainer ayent chacun en haut trois pieds plain poing à tout le moins.

Item, que les quarraines ayent chacunes Perches en haut de ſix pieds plain poing de gros à tout le moins, ſelon les moules à ce ordonné de grande ancienneté eſtant au Chaſtelet de Paris ſur leſdites peines.

6. Item, pareillement l'on commande & enjoinct, que nul ne ſoit ſi hardy de contrefaire ou vendre Ozier qui ſont d'autre lieu que de Saint Marcel , pour celuy de Seine ou que le peuple n'en ſoit deſceu, parce que celui de Saint Marcel vaut mieux que nul autre , & que chacune Jarbe d'Ozier rond & rouge de Saint Marcel , qui eſt le meilleur, ſoit bon , loyal & mar- chand , & ait au-deſſus du lien quatre pieds de tour, & la petite Jarbe d'icelle lien deux pieds de tour ; & que parmy leſdites Jarbes ne ſoit point meſlé ni mix- tioné d'autres Oziers ; & pareillement que l'Ozier de riviere, & d'autre lieu que Saint Marcel ait chacune Jarbe au-deſſus du lien trois pieds & demy de tour, ſans qu'il y ait Oziers ſecs ni autres fourremens ſur- années ſur leſdites peines.

7. Item, auſſi que tous Marchands qui ameneront

ou feront amener, & venir en cette Ville de Paris pour vendre aucun Ozier, tant de S. Marcel que d'ailleurs, qu'icelles Oziers ils faſſent deſcendre, amener, & arriver en la Place de Greve au lieu à ce ordonné, ſans vendre avec l'autre, ſur leſdites peines.

8. Item, que les émondées de Saulx ſurrannées ſoient venduës d'une part, ſans qu'elles ſoient meſlées & mixtionnées avec l'autre Ozier.

9. Item, l'on commande & enjoinct à tous Marchands qui feront venir en cette Ville de Paris aucuns Eſchallas pour vendre, qu'avant qu'ils les expoſent en vente ne mettent ſur terre ou en Chantier, qu'ils faſſent iceux Eſchallas voir & viſiter par les Jurez commis ſur ladite Marchandiſe, à ſçavoir s'ils feront loyaux & marchands, ſur peine de confiſcation deſdites denrées, & d'amende arbitraire.

10. Item, que tous leſdits Eſchallas qui doreſnavant feront amenez à Paris pour vendre, ſoient bons, loyaux & marchands, & qu'ils ayent moiſſon anciennement ordonnée & accouſtumée & ordinaire cy-devant faite. C'eſt à ſçavoir, la moiſſon chacune de cinq pieds & demy de long, & les plus courtes de quatre pieds & demy, & qu'en chacune Javelle il n'y ait au plus que dix Eſchallas d'iceux court, & qui n'ont que quatre pieds & demy, & qu'ils ſoient tous bien & ſuffiſamment fournis, & tous cinquantiniers ſur leſdites charges.

11. Item, l'on deffend que nul Marchand regrattier n'achepte pour vendre depuis le matin juſques à quatre heures après midy aucuns Eſchallas, de quel-

que perfonne que ce foit , foit Marchand forain ou
autre , fur peine de confifcation defdites denrées , ou
d'amende arbitraire , & que cependant les Bourgeois ,
Manans & Habitans de Paris en puiffent achepter &
avoir pour leur fourniture & provifion.

12. Item, que nul defdits regratiers ne foient fi ofez
ni hardis d'aller au-devant des Marchands qui ameneront lefdites denrées , & qu'icelles ils n'acheptent ou
vendent ailleurs que és Places accouftumées , & aprés
l'heure devant dit.

13. Item , l'on deffend auffi que nul Laboureur ni
autres perfonnes ne foient fi ofez ou hardis de prendre
ou lever de Vignes d'autre javance fepts de Vigne , &
ne les couper ou marcorter en icelle , fur peine de la
hart , ou d'autre punition ; peine & amende publique
ou autre , à la difcretion de Juftice.

14. Item , que nul n'apporte à Paris vendre aucuns
feptschevelin , ou autre complaint de Vignes ni Harbres
antez , s'il n'a certificat de la Juftice , ou au moins du
Curé du lieu , qui les ait pris & levées de fon herita-
ge , & non d'autre , & que la vente en foit faite publi-
quement au lieu accoûtumé. C'eft à fçavoir fur le
grand Pont de Paris & non ailleurs , fur ladite peine
& d'autre amende arbitraire.

15. Item , l'on commande & eft enjoinct aux quatre
Jurez de ladite Marchandife , que bien & loyallement
ils vifitent lefdites denrées & Marchandifes devant
declarées , & toutes les fautes qu'ils fçauroient &
pourroient fçavoir eftre faites & commifes en icelles ,
bien & diligemment à nous & au Procureur du Roy ,

noſtre Sire , audit Chaſtelet, & ſi meſtier eſt , les de-
linquans ils arreſtent ou faſſent arreſter par les Sergens
dudit Chaſtelet , & amener priſonniers pour eſtre à
droit, & de toutes amendes qui pour ce ſeront adju-
gées audit Seigneur ils auront la tierce partie , & ſi
feront toutes les denrées qui ſeront trouvées fauſſes
ou parties d'icelles arſés en ſigne de Juſtice.

16. Item, l'on deffend que nul Jardinier ne ſoit ſi
hardy, ſur peine de quarante ſols pariſis d'amende &
de tenir priſon , d'entreprendre beſogne au-deſſus de
cinq ſols pariſis, s'il n'eſt Maiſtre ou Bachelier d'aucun
Maiſtre ou Bachelier.

17. Item, que nul ne ſoit ſi oſé ni hardy d'entreprendre beſogne au-deſſus de cinq ſols, s'il ne met par
maniere de Chef-d'œuvre un quarteron de Merrien en
bon ouvrage ſuffiſant , au dire & rapport des Maiſtres
Jurez Jardiniers.

18. Item , & pour ce qu'il eſt venu à la connoiſſance
de Juſtice, que pluſieurs qui ſe diſent Jardiniers , vont
par les Hoſtels & des Bourgeois & habitans de cette
Ville de Paris marchandant de faire leurs Jardins , &
qu'il arrive ſouvent qu'il faut abatre & dépecer les ou-
vrages qu'ils ont faits , parce qu'ils ne ſont bien &
ſuffiſamment faits : en quoi iceux Bourgeois & autres
ayant Jardins , qui ont baillé leur Merrein & Ozier
pour faire leurſdits Jardins , pour grande ſomme de
deniers , qui ſont de grande perte ou dommages , &
n'y peuvent avoir aucune reſtitution , parce que leſdits Jardiniers n'ont rien : L'on deffend que nul Jardinier ne ſoit doreſnavant ſi oſé ni hardy d'entreprendre

dre aucune besogne au-dessus de cinq sols, s'il n'a baillé pleige & caution suffisante de restitutions, si mestier est, le dommage & interest que pourroient avoir & encourus lesdits Bourgeois & autres ayant Jardins, par faute d'iceux Jardiniers. Fait & donné sous nostre signe le Samedy huitiesme jour de Fevrier, l'an de Grace mil quatre cens soixante & treize, aussi signé Le CORNU, Signé DEPRAST, & à costé est escript Collationné, est fait avec paraphe; & plus bas est escript, Registrées, oüy sur ce le Procureur General du Roy, pour joüir par les impetrans, ainsi qu'ils en ont cy-devant bien & deuëment joüy & usé, joüissent & usent de present. A Paris en Parlement, le 16. Decembre mil cinq cens soixante & seize, Signez DE HEVEZ, & au dos est escript ce qui ensuit. Le contenu és Article de l'autre, escript, publié à son de trompe & cry publicque aux lieux de la Place de Greve & Halles, l'Escolle saint Germain, la Porte de Paris, Carrefour saint Germain & la Place Maubert, par moi Nicolas le Nourrissier, Sergent à Verge, Crieur-Juré du Roy, nostre Sire au Chastelet de Paris, Prevosté & Vicomté de Paris, appellé avec moy Michel Gaultier Trompette dudit Seigneur, le Samedy treiziesme jour d'Octobre, l'an mil cinq cens quarante-cinq. Signé, NOURRISSIER.

HENRY PAR LA GRACE DE DIEU ROY DE FRANCE ET DE POLOGNE, au Prevost de Paris ou son Lieutenant, SALUT. Nos bien Amez les Maistres Jurez de la Communauté des Jardiniers de nostre bonne Ville de Paris, Nous

B

ont présenté Requeste tendant à ce qu'il Nous plaist les main-
tenir & garder en leurs droicts & privileges tels qu'ils sont
contenus en l'Extrait d'iceux cy-attaché sous le contre-scel de
nostre Chancellerie, ayant esgard à laquelle Requeste, Nous
voulons & vous mandons que vous ayez à les faire joüir &
user desd. privileges selon qu'ils en ont joüi & joüissent encore,
sans y faire aucun refus ni difficulté. Car tel est nostre plaisir.
Donné à Paris le 29. jour d'Aoust l'an de Grace 1576. &
de nostre Regne le troisiéme, Signé par le Roy PINRARD,
& au costé est escript, registré, en ce ouy le Procureur General du Roy, pour en joüir par les Impetrans, ainsi qu'ils
ont cy-devant bien & deuement jouy & usé, joüissent &
usent de present. A Paris en Parlement le dix-huitiesme jour
de Decembre mil cinq cens soixante & seize.

Signé, DE HEVEZ.

AU ROY,

ET A NOSSEIGNEURS DE SON CONSEIL.

S IRE,

LA Communauté des Maiſtres Jardiniers de voſtre bonne Ville, Faubourgs, Banlieuë, Prevoſté & Vicomté de Paris, remontrent trés-humblement à Voſtre Majeſté, que de toute ancienneté ils ont été nombrez entre les Maiſtres Jurez de voſtre Ville de Paris , & gouvernez par Ordonnances & Statuts particuliers à leur Meſtier , deſquels ils auroient paiſiblement joüy ſans contredit d'aucun juſqu'à preſent : neanmoins ſous l'ombre que les Supplians n'auroient obtenus Lettres de confirmation de Voſtre Majeſté , aucuns particuliers taſchent à les troubler & entreprendre ſur leur Meſtier, pour ce que les Supplians doutent que cette entrepriſe en elle eſtoit tollerée leur portât préjudice & à leurs Succeſſeurs , & generallement à tout leur Meſtier : joint que telle maniere de gens , leſquelles s'entremettent de faire leſdites entrepriſes , commettent pluſieurs abus & tromperies qui ne ſont à tollerer.

A cette cauſe , ſupplient trés-humblement Voſtre Majeſté qu'il luy plaiſe ratifier & confirmer les Arti-

cles qui enfuivent, & les Supplians feront d'autant
plus tenus de prier Dieu pour voftre noble profpérité
& fanté.

Premierement que nul ne pourra faire état de Maiftre Jardinier en cette Ville, Fauxbourgs & Banlieuë
de Paris qu'il ne foit receu Maiftre audit meftier, &
pour y parvenir ait fait chef-d'œuvre de fa propre
main, comme d'ancienneté il eft accouftumé faire,
lequel chef-d'œuvre fera baillé & divifé par les Jurez
dudit Meftier, en prefence de quatre anciens Bacheliers.

2. Item, auparavant que bailler par les Jurez le
chef-d'œuvre aux compagnons qui voudront parvenir
à ladite Maiftrife, iceux Jurez feront tenus de s'en-
querir de leurs bonne vie & mœurs des Maiftres lefquels ils auront fervy & où ils auront fait leur appren-
tiffage, pour felon le rapport qu'ils en trouveront
leur bailler ledit chef-d'œuvre ou leur refufer.

3. Item, aprés ladite inquifition faite, feront tenus
lefdits Compagnons qui efpereront à ladite maiftrife
faire chef-d'œuvre tel qu'il leur fera divifé par les Jurez
d'iceluy fait & parfait, en feront lefdits Jurez leur
rapport en la maniere accouftumée.

4. Item, que nul ne fera receu à faire chef-d'œuvre
pour parvenir à ladite Maiftrife, qu'il n'ait été Aprentif
fous un Maiftre dudit meftier en cette Ville & Fauxbourg le temps & efpace de quatre ans, & outre
fervy les Maiftres aprés fondit temps d'aprentiffage
l'efpace de deux ans.

5. Les enfans defdits Maiftres feront receus à la
maiftrife fans faire aucun chef-d'œuvre ni experience

aprés deux fois qu'ils auront esté certifiez avoir esté
Aprentif, soit avec leur pere ou ailleurs ledit temps
de quatre ans.

6. Item, que iceux Maistres Jardiniers aprés estre
receus audit mestier, bailleront à la Confrerie dudit
mestier leur droit d'icelle, & pour entretenir le Service
Divin la somme de trente-deux sols six deniers, dont
ils seront tenus de bailler aux Maistres de Confrerie.

7. Item, que nul Maistre ne pourra soustraire, débaucher, ni bailler à besongner à aucuns Compagnons dudit mestier pendant qu'ils seront allouez à un autre
Maistre, que premierement il ne sçache de son Maistre
s'il est content de luy, à peine de six écus d'amende
appliquable comme dessus.

8. Item, que chacun Aprentif dudit mestier sera
tenu incontinent qu'il sera obligé bailler à la Confrerie dudit mestier pour le droit d'icelle, & pour entretenir le Service la somme de vingt-quatre sols pa-
risis, & sera tenu le Maistre avec lequel sera ledit
Aprentif avancer ladite somme.

9. Les veuves de Maistres, tant qu'elles se contien-
dront en viduité, joüiront de pareil privilege que leurs
deffunts maris; mais si elles se remarient ou font faute
à leur viduité, elles perdront ledit privilege & ne pourront plus s'entremettre dudit mestier.

10. Lesd. veuves pourront faire parachever aux
Aprentifs qui auront esté obligez à leurs deffunts maris leurs temps d'apprentissage sous elles, pourvû qu'elles entretiennent & se mêlent dudit mestier de Jardinier, & qu'elles ne se remarient à autres que dudit

meftier, autrement feront lefdites veuves tenues mettre lefdits Aprentifs és mains defdits Jurez, lefquels
feront auffi tenus de leur faire parachever leurs temps
d'aprentiffage fous autre Maiftre dudit meftier fuffifant.

11. Ne pourront lefdites veuves, encore qu'elles
continuent d'exercer ledit meftier de Jardinier, prendre & faire obliger aucuns Aprentifs nouveaux, mais
feront faire leur trafic & marchandifes par Compagnons émandant l'eftat.

12. Que deffenfes foient faites à toutes perfonnes
indifferemment quelconques de porter ou faire apporter aucuns Melons, Concombres, Artichaux, Herbages, & autres chofes dépendant du fait dudit meftier
de Jardinage, s'ils ne font Maiftres dudit meftier, fors
& refervé les Bourgeois de la Ville & Fauxbourgs de
Paris, lefquels peuvent avoir des Jardins en propriété
qui pourront apporter ou faire rapporter durant les
jours de marché, qui font le Mercredy & le Samedy
de toutes fortes de denrées qui croiffent en leurfdits
Jardins, lefquelles denrées feront vifitées par lefdits
Jurez, fi elles font bonnes feront expofez en vente,
& fi elles ne le font, feront confifquées, & celuy qui
les expofera en vente condamné en vingt fols d'amende applicable, la moitié au Roy, & l'autre moitié
aufdits Jurez dudit meftier.

13. Ne pourront tous Revendeurs & Revendereffes
acheter aucune chofe dépendante de l'eftat de Jardinage
en autres lieux qu'en ladite Halle & Marchez publics,
afin que les Jurez en ayent connoiffance, ni mefme tenir
en leurs maifons ni ailleurs leurs fruits & herbes dans

la nuit, d'autant qu'ils font fujets à pourriture & à at-
tirer le mauvais air, & pour éviter aufdits abus qui fe
pourront commettre, pourront les Jurez dudit meftier
faire recherche és maifons defdits Revendeurs, pour
des fautes & abus qu'ils y trouveront, en faire rapport en la maniere accouftumée, & eftre ledit delin-
quant condamné en l'amende, & puny s'il y échet.

14. Que deffenfes feront faites à toutes perfonnes
quelconques de ne fumer aucune terre d'immondices
ni fiens de pourceaux, pour planter ou femer aucunes marchandifes qui foient dépendans de leur Jardinage, pour éviter aux abus qui s'y commettent, &
pourroient cy-aprés commettre, pour éviter aux ma-
ladies contagieufes qu'autre, fur peine d'eftre la marchandife renverfée, & de deux écus d'amende contre
chacun contrevenant.

15. Item. Qu'il foit deffendu à tous Maiftres dudit
meftier d'acheter fur autres Maiftres aucuns Arbres ou
autres denrées pour les porter vendre fur le Pont defdits Arbres, ni autres lieux publics comme Regratiers,
fur peine de confifcation defdits Arbres, & de deux
écus d'amende applicable comme deffus; mais pourront lefdits Maiftres y vendre leurs Arbres & Fleurs,
comme de toute ancienneté.

16. Que tous Maiftres Bacheliers & Compagnons
dudit meftier feront tenus de reconnoiftre leurs anciens Maiftres Jurez, & leur porter le refpect, honneur & reverence qui leur eft dû, à fçavoir à leurs
anciens & à leurs Jurez, chacun en fon temps de lad.
Charge de Jurez, comme ils ont promis lorfqu'ils ont
efté reçûs audit meftier.

17. Item. Que pour la conſervation dudit meſtier
ſeront élûs quatre Jurez d'iceluy en forme que les Jurez des autres meſtiers par la Communauté des Maiſtres dudit meſtier, par leſquels Jurez ſera faite toutes viſitations néceſſaires à faire audit meſtier, tant en
ladite Ville, Fauxbourgs, que Banlieue de Paris, ſans
que pour viſiter leſdits Fauxbourgs ils ſoient tenus
demander licence aux Hauts-Juſticiers, quelque privilege & droit de Haute-Juſtice qu'ils ayent, attendu
qu'il eſt queſtion de police, de laquelle la connoiſſance appartient ſeulement audit Prevoſt de Paris, &
enſuite eſt écrit pluſieurs paraphes des anciens Maiſtres
Bacheliers & Jurez dudit meſtier. Jean le Bouteux,
Benoiſt Petit, René Jacquelin, la Cauche, Baudoüin,
Pierre le Noſtre, Jean le Bref, Pierre Bouton,
Bienfait.

Enſuit l'enregiſtrement fait. Regiſtré oüy le Procureur Général du Roy, pour joüir par les Impetrans
de l'effet & contenu comme ils en ont cy-devant bien
& deuëment jouy & uſé, joüiſſent & uſent encore à
preſent. A Paris en Parlement le 17 Avril l'an mil
ſix cens. *Signé*, VOISIN.

Et plus bas eſt écrit, lû & publié le contenu és
articles portants les Statuts & Reglemens dudit métier
de Jardinier cy-deſſus écrit à ſon de Trompe & cry
public par les lieux & endroits cy-aprés declarez, &
ce ſuivant les Lettres Patentes du Roy en forme de
Charte. Donné à Paris au mois de Novembre 1599.
ſigné ſur le reply par le Roy à voſtre relation Thomas, & ſcellée du grand ſcel en lacs de ſoye rouge,
& ſcellé de cire verte : Arreſt de la Cour de Parlement

ment en date du 17. jour d'Avril 1600. figné du Tillet, & Sentence de Monfieur le Prevoft de Paris ou fon Lieutenant Civil en date du 26. jour du prefent mois de May audit an 1600. Signé Drovare, & icelle intervenue fur lefdites Lettres Patentes, fçavoir en la place des Halles, au milieu du marché aux Poirées, fur le Quay de la Megifferie & Vallée de Miferre, au-dedans du Marché-Neuf, autrement dit le Marché Palu, au-dedans de la Place Maubert, & au mitan du Cymetiere Saint Jean, lieux accoûtumez à faire pareils cris & publications par moi Robert Crevel Crieur Juré du Roy és Ville, Prevôté & Vicomté de Paris, accompagné de Mathurin Noiret, Trompette Juré & ordinaire dudit Seigneur efdits lieux, & d'un autre Trompette le Mercredy 31. & dernier jour de May 1600. *Signé* Crevel.

Le contenu cy-deffus a été regiftré au douzieme volume des Bannieres, Regiftre ordinaire du Châtelet de Paris, fuivant la Sentence d'homologation de Monfieur le Lieutenant Civil du 26. jour de Juillet 1645. pour fervir & valoir & y avoir recours quand befoin fera : Ce fut fait audit Châtelet le Jeudy troifieme jour d'Août 1645. Signé Fauffet.

HENRY, par la grace de Dieu, Roy de France & de Navarre : Au Prevôt de Paris ou fon Lieutenant, Salut. Nous vous envoyons le Cayer des Articles & Ordonnances cy-attaché fous nôtre contre-fcel à nous en nôtre Confeil prefentez par nos bien Amez les Maitres & Communauté du mêtier

C

de Jardinier en notre bonne Ville, Fauxbourg, Banlieuë, Prevôté & Vicomté de Paris, vous mandons, ordonnons & enjoignons, que nôtre Procureur present ou appellé, vous ayez à nous donner ou envoyer vôtre avis pour iceluy, veu en nôtredit Conseil être pourvû aux Supplians ainsi que verrons estre à faire, par raison de ce faire vous donnons pouvoir, commission & mandement special par ces presentes : Car tel est nostre plaisir. Donné à Paris le 25. jour d'Octobre l'an de grace 1599. & de nostre Regne le onzieme, signé par le Roy en son Conseil, Thomas.

Veu nous soussignez Lieutenant Civil & Procureur du Roy en la Prevosté & Vicomté de Paris les articles & ordonnances presentez au Roy par la Communauté des Maistres Jardiniers de cette Ville de Paris à nous renvoyez par Lettres Patentes de Sa Majesté, données à Paris le 25. jour d'Octobre dernier, signées par le Roy en son Conseil, Thomas. Et scellées du grand sceau de cire jaune, pour donner nostre avis sur lesdits Articles & Ordonnances attachées sous le contre-scel.

Sommes d'avis sous le bon plaisir de Sa Majesté & de Nosseigneurs de son Conseil, que lesdits Articles & Ordonnances sont justes & raisonnables, & comme tels peuvent estre confirmez & octroyez par Sa Majesté, sans que le Public y soit interessé, ains au contraire en recevra profit & commodité, d'autant que par le moyen desdits Statuts, les malversations & abus que l'on pourroit commettre audit mestier, seront retranchez & corrigez. Fait au Chastelet de Paris le Lundy 8. jour de Novembre 1599. Miron & de Villemonté.

HENRY par la Grace de Dieu, Roy de France & de Navarre : A tous préfent & à venir, falut ; Ayant fait voir en notre Confeil la Requête & articles à nous en icelui préfentez par nos bien Amez les Maîtres & Communauté du métier de Jardinier en noftre bonne Ville, Fauxbourgs, Banlieuë, Prévofté & Vicomté de Paris, concernant leur état & métier, à ce qu'il nous plaife iceux ratifier & confirmer, enfemble l'avis à nous donné par le Prevoft de Paris ou fon Lieutenant, ouy le Subftitut de noftre Procureur General en ladite Prevofté, fuivant le renvoy que nous leur aurions fait à cette fin par nos lettres patentes, le tout ci-attaché fous le contrefcel de noftre Chancellerie ; Sçavoir faifons que nous defirans fubvenir aufdits Maiftres & Communauté dudit métier de Jardinier en noftre Ville, Fauxbourgs, Banlieuë, Prevofté & Vicomté de Paris de l'avis de noftre Confeil, & de notre certaine fcience, pleine puiffance & autorité Royale, conformement audit avis, même ayant égard que par le moyen de l'entretiennement & obfervation defdits articles, le public en recevra profit & commodité, d'autant que les malverfations & abus qui fe commettent audit métier, en feront retranchez & corrigez, avons lefdits articles confirmez, ratifiez, approuvez & autorifez : confirmons, ratifions, approuvons & autorifons par ces préfentes, voulons & nous plaift qu'ils foient dorénavant gardez, obfervez &

entretenus en tant & chacun leurs poincts , fans qu'il y
foit contrevenus en quelque forte & maniere que ce
foit , fur les peines y contenues : fi donnons en mandement à nos Amez & feaux , Confeillers les gens tenans noftre Cour de Parlement de Paris , & audit Prevoft de Paris ou fon Lieutenant , qu'iceux articles & lefdites préfentes ils faflent enregiftrer , entretenir , garder , obferver de poinct en poinct felon leur forme &
teneur , & du contenu en iceux jouir & ufer pleinement , paifiblement & perpétuellement , les Supplians
& leurs Succefleurs dudit métier de Jardinier contraignant à ce faire fouffrir & obéïr tous ceux qu'il appartiendra , & qui pour ce feront à contraindre par toutes
voyes duës & raifonnables , nonobftant oppofitions
ou appellations quelconques , pour lefquelles ne voulons eftre differé. Car tel eft noftre plaifir , & afin que
ce foit une chofe ferme & ftable à toûjours , nous
avons fait mettre notre fcel à ces préfentes , fauf
entre autres chofes noftre droit & l'autrui en tout.
Donné à Paris au mois de Novembre l'an de grace
1599. & de noftre regne le onzieme , & au reply eft
par le Roy à voftre relation , Signé , Thomas.

Au reply des préfentes eft écrit Regiftrées ouy le
Procureur General du Roi , pour jouir par les Impétrans
de l'effet & contenu en icelles , comme ils ont ci-de-
vont bien & deuëment jouy & ufé , jouiffent & ufent
encore à préfent , à Paris en Parlement le dix-fept Avril
l'an 1600. Signé Voifin , Contentor & de la Croix.

Extrait des Regiſtres de Parlement.

ENtre Denis Pront appellant d'une Sentence du
Prevoſt de Paris ou ſon Lieutenant du 19 Decembre dernier, confirmative de l'avis du Subſtitut
du Procureur General du Roy au Chaſtelet, du 3.
jour d'Octobre precedant, & de ce qui s'en eſt en-
ſuivy d'une part & les Maiſtres Jurez Jardiniers de
Paris Intimez d'autre : Veu par la Cour ladite Sentence du 19. Decembre arreſt du 29. Avril dernier,
par lequel ſur ledit appelle les parties auroient eſté
appointées au Conſeil à eſcrire & produire dans quin-
zaine : Forcluſions de fournir des cauſes d'appel par
ledit appellant : Productions deſdites parties : Tout
conſideré, dit a eſté que ladite Cour a mis & met les
appellations au neant, ſans amande & deſpens de la
cauſe d'appel, a ordonné & ordonne que ce dont a eſté
appellé ſortira ſon effet. Prononcé le 29. jour de Juillet 1617. Signé, Guyet Greffier, avec collation.

Extrait des Regiſtres de Parlement.

ENtre Antoine Aubry, Jacques Roſty, ſe faiſans
forts des autres Habitans du Village du Roulle,
demandeurs aux fins d'une commiſſion du 30. Juillet
1616. & deffendeurs d'une part, & les M. Jurez
Jardiniers préolliers intimés de cette Ville, Faubourgs

22

& Banlieue de Paris, deffendeurs & demandeurs,
par le moyen de leurs deffences du mois de Sep. 1616.
refpectivement baillées: Appointement à efcrire par
advertiffement & produire: productions defdites parties: Arrèt du 10 Avril 1717, par lequel il a eſté ordonné que les productions des parties feroient commu-
niquées pour contre icelles bailler contredits & falva-
tions dans le temps de l'ordonnance: contredits refpectivement fournis, conclufions du Procureur General
du Roy: Et tout confideré, *dit a eſté que la Cour a*
debouté & déboute les Habitans du Village du Roullé
des conclufions par eux prifes contre les Maiſtres Jardiniers de cette Ville de Paris: *Ordonne néanmoins*
qu'ils feront tenus fouffrir d'eſtre vifitez quatre fois l'an-
née par lefdits Maiſtres Jardiniers, à la charge qu'ils ne
prendront pour chacune vifitation de chacun d'eux que la
fomme de dix fols tournois, & fur le furplus des deman-
des refpectivement faites, a mis & met les Parties hors
de Cour & de procès, le tout fans defpens. Prononcé
le 20 jour de Janvier 1618. Signé, Guyet, Greffier
avec collation.

Extrait des Rsgiſtres de Parlement.

ENtre les Manans & Habitans du Village du Roulle, demandeurs aux fins d'une Requète par eux
préfentée à la Cour le 16 Juillet 1619. d'une part, les
Maiſtres Jurez Jardiniers préolliers de cette Ville &
Banlieuë de Paris, deffendeurs d'autre: Veu par la

Cour l'Arrest du 20 Janvier 1618. par lequel entre
autres choses auroit esté ordonné que lesdits Habitans
du Roulle seroit tenus souffrir d'estre visitez quatre
fois l'année par lesdits Maistres Jardinier Jurez , à la
charge qu'ils ne prendront pour chacune visitation
d'eux que la somme de dix sols tournois , ladite Requeste tendante à ce que l'advis donné par le Substitut
du Procureur General du Roi au Chastelet de Paris , le
16 Octobre 1618. fust cassé & revocqué comme at-
tentat , & au principal ordonne que suivant ledit Arrest du 20 Janvier 1618 , lesdits demandeurs demeureroient quittes des droits & salaires prétendus par lesdits deffendeurs , en payant chacun d'eux pour chacune visitation la somme de dix sols tournois , pour
tous lesdits Habitans du Village du Roulle ; deffences ,
appointement en droict à écrire & produire : productions desdites parties : Et tout consideré , Dit a esté que
ladite Cour exécutant ledit Arrest du 20 Janvier 1618 ,
a ordonné & ordonne *que les Habitans du Roulle qui*
ont jardins & qui vendent ou font vendre en cette Ville
de Paris fruits & herbages , seront tenus souffrir d'estre
visitez quatre fois l'année par lesdits Maistres Jurez Jar-
diniers , pour chacune desquelles visitations chacun qui
sera visité payera pour tous lesdits Maistres Jurez la som-
me de dix sols tournois , & sur le surplus desdites de-
mandes a mis & met les parties hors de Cour & de
procès, le tout sans despens. Prononcé le 4 jour d'A-
vril 1620, Signé, Guyet Greffier , avec collation.

LOUIS par la grace de Dieu, Roy de France & de Navarre: A tous preſens & à venir, Salut; nos bien amez les Maiſtres & Communauté du meſtier de Jardinier en noſtre bonne Ville, Fauxbourgs, Banlieue, Prevoſté & Vicomté de Paris, nous ont fait remonſtrer que de tout temps & ancienneté ils ont eſté nombrez entre les Maiſtres Jurez en noſdites Villes, & ſe ſeroient gouvernez par les Ordonnances & Statuts dudit meſtier qu'ils auroient renouvellez le 25 Octobre 1599, leſquels le feu Roi Henry le Grand noſtre honoré Seigneur & Ayeul, auroit après avoir eu ſur ce l'advis du Prevoſt de Paris ou ſon Lieutenant, & ouy le Subſtitut du Procureur General confirmé & approuvé par ſes Lettres patentes du mois de Novembre enſuivant audit an, regiſtrés au Parlement de Paris le 17 Avril 1600, dont ils ont toûjours paiſiblement jouy juſqu'à préſent, craignant iceux expoſans que pour n'avoir depuis noſtre advenement à la couronne obtenu nos Lettres de confirmation d'iceux Statuts & Privileges, pour leſquels ils ont payé la finance, à laquelle ils ont été taxés en noſtre Conſeil, nos Officiers ou autres les vouluſſent troubler, il nous ont trèshumblement ſupplié les leur vouloir accorder. Sçavoir faiſons qu'après avoir fait voir en noſtre Conſeil leſdits Privileges & ſtatuts confirmez par leſdites Lettres du feu Roy Henry le Grand, avec l'Arreſt de Regiſtrement & Quittance de Finance par eux payée en nos parties caſuelles pour ladite confirmation du 30 Mars dernier, le tout ci-attaché ſous le contreſcel de notre Chancellerie

Chancellerie, defirant favorablement traiter les expofans en confidération de l'utilité que le Public reçoit
de leur travail & jardinages des environs de ladite Ville,
par le moyen de l'entretenement & obfervation de
leurfdits Privileges & Statuts: Nous avons fuivant &
conformément aufdites Lettres, & la quittance de Finance par eux payée en nos parties cafuelles, pour y
eftre confervez & confirmez de notre grace fpeciale,
pleine puiffance & authorité royale, agrée, confirmé
& approuvé; agréons, confirmons & approuvons par
ces préfentes lefdits Privileges & Statuts, pour en jouir
par eux & leurs fucceffeurs audit meftier pleinement,
paifiblement & perpetuellement, tout ainfi qu'ils en
ont bien & deuement jouy & ufé, jouiffent & ufent
encore de prefent. Si donnons en mandement à nos
amez & feaux Confeillers les gens tenans notre Cour
de Parlement de Paris, Prevoft dudit lieu ou fon Lieutenant, que ces préfentes ils faffent enregiftrer, & du
contenu en icelles fouffrent & laiffent jouir les expofans pleinement, paifiblement & perpétuellement,
contraignant à l'obfervation defdits Privileges & Statuts tous ceux qu'il appartiendra: CAR tel eft noftre
plaifir, & afin que ce foit chofe ferme & ftable à toûjours; Nous avons fait mettre noftre fcel a cefdites
prefentes, fauf en autre chofe noftre droiĉt, & l'autrui
en toutes. Donné à Paris au mois de Juin l'an de grace
1645, & de notre regne le troifieme; & au repli eft
figné, par le Roy, VABOIS, & au repli eft éfcrit:
regiftrée oui ce confentant le Procureur General, pour
jouir par les Impétrans de l'effeĉt & contenu en icelles

D

selon leur forme & teneur, ainsi qu'ils en ont bien &
deuëment joüi & ufé, joüiffent & ufent encore de prefent. A Paris en Parlement le 14 jour d'Avril 1655. Signe DU TILLET.

Du Mercredy 26 Juillet 1645.

VEU les Lettres Patentes du Roi données au mois
de Juin dernier, fignées fur le repli, par le Roi
Vabois, & à côté Visa, & fcellées du grand fceau de
cire verte, en lacs de foye rouge & verte, par lefquelles appert les Maiftres & Communauté du meftier de
Jardinier en cette Ville, Fauxbourgs, Banlieuë, Prevofté & Vicomté de Paris, avoir remontré à fa Majefté
que de tout temps & ancienneté ils ont efté nombrez
entre les Maiftres Jurez de cette Ville, & fe feroient
gouvernez par les Ordonnances & Statuts dudit meftier de Jardinier qu'ils auroient renouvellez le 25 Octobre 1599, lefquelles le feu Roi Henry le Grand
ayeul de fa Majefté, auroit après avoir eu fur ce l'advis du Prevoft de Paris ou fon Lieutenant & du Procureur du Roi, confirmé & approuvé par fes Lettres
patentes du mois de Novembre enfuivant, regiftré au
Parlement le 17 Avril 1600, dont ils ont toûjours
paifiblement joüi jufqu'à prefent, & craignant lefdits
Maiftres Jardiniers eftre troublez en l'exercice de leurdit meftier, pour n'avoir par eux depuis l'avenement
à la Couronne de fa Majefté obtenu lettre d'iceux
ftatuts & privileges pour lefquels ils ont payé la fi-

nance, de laquelle ils ont esté taxez comme appert
par la quittance du 30 Mars dernier, attachée sous le
contrescel desdites lettres, pour les causes & autres sa
Majesté conformément aux Lettres du seu Roi Henry
le Grand : Arrest d'enregistrement d'icelles, & Quittance de finance susdatée, auroit de son autorité royale
agréé, confirmé & approuvé lesdits privileges & statuts, pour en joüir par eux & leurs successeurs
audit mestier de Jardinier pleinement, paisiblement
& perpétuellement, tout ainsi qu'ils ont bien & deuement joüi & usé, joüissent & usent encore à present,
nous mandant sa Majesté faire registrer icelles Lettres
& contraindre à l'observation desdits privileges & statuts tous ceux qu'il appartiendra. Veu aussi la Requeste
à nous presentée par lesdits Maistres & Communauté
dudit mestier de Jardinier, tendante à ce qu'il nous
plust ordonner lesdites lettres & statuts estre enregis-
trés au Greffe dudit Chastelet, pour joüir par eux de
l'effect & contenu d'icelles, laquelle Requeste auroit
esté de nostre Ordonnance communiquée au Procureur
du Roi, qui auroit requis lesdites Lettres estre registrées ès registres des Bannieres dudit Chastelet, pour
joüir par eux du contenu en icelles selon leur forme & teneur, à la charge que les Bourgeois de
la Ville, Fauxbourgs & Banlieue de Paris qui auront
des heritages à rente, joüiront des mêmes privileges
accordez aux proprietaires desdits heritages par l'article douzieme desdits statuts : Et tout veu & consideré
nous avons du consentement du Procureur du Roi, auquel le tout a esté communiqué, ordonné que les let-

tres & ftatuts feront regiftrez ès regiftres des Bannieres
dudit Chaftelet, pour jouir par lefdits Maiftres Jardiniers de la Ville, Fauxbourgs & Banlieue de Paris, du
contenu efdites Lettres, felon leur forme & teneur; à
la charge que les Bourgeois defdits lieux qui auront des
heritages à rente, fcis dans ladite Ville, Fauxbourgs
& Banlieuë, jouiront des mefmes privileges accordez
aux proprietaires defdits Statuts. Faiẑt par Monfieur
le Lieutenant Civil, HUBERT.

Et au dos eft efcrit, le Samedi deuziéme jour de
Septembre 1645. les lettres patentes de fa Majefté
obtenuës par les Maiftres Jardiniers de cette Ville,
Fauxbourgs & Banlieue de Paris, pour la confirmation de leurs privileges homologuez au Chaftelet de
Paris, fur les conclufions de Monfieur le Procureur du
Roi audit Chaftelet, & ce fuivant la permiffion de
Monfieur le Lieutenant Civil, en date de cejourd'huy.
Signé Daubray, par moi Jean Joffier, Juré-Crieur ordinaire du Roi, en la Ville, Prevofté & Vicomté de Paris, leu, publié à fon de trompe & cri public, par les
places, marchez publics; fçavoir au coing de la Place
aux Chats, marché aux Poirées, marché Pallus autrement marché-neuf, Cimetiere faint Jean, place Maubert, & le marché au Fauxbourg faint Germain des
Prez, à ce qu'aucun n'en prétende caufe d'ignorance:
à ce faire j'avois trois Trompettes commis des trois Jurez Trompettes du Roi, efdits lieux, Signé Joffier.

A Tous ceux qui ces préfentes Lettres verront,
Louis Seguier, Baron de S. Briffon, Seigneur

des Ruaux & de S. Firmin, Conseiller du Roi, Gentilhomme ordinaire de sa Chambre, & Garde de la Prevosté & Vicomté de Paris; Salut sçavoir faisons, que veu les lettres patentes du Roi données au mois de Juillet dernier, signées sur le repli Vabois, & à côté Visa, & scellées du grand sceau de cire verte, en lacs de soye rouge & verte, par lesquelles appert les Maistres & Communauté du métier de Jardinier en cette Ville, Fauxbourgs, Banlieuë, Prevosté & Vicomté de Paris, avoir remontré à sa Majesté, que de tout temps & ancienneté ils ont esté nombrez entre les Maistres Jurez de cette Ville, & se seroient gouvernez par les Statuts & Ordonnances dudit métier de Jardinier, qu'ils auroient renouvellez le 25 Octobre 1599, lesquelles le feu Roi Henry le Grand, ayeul de sa Majesté, auroit après avoir eu sur ce l'avis du Prevost de Paris ou son Lieutenant & du Procureur du Roi, confirmé & approuvé par ses Lettres Patentes du mois de Novembre ensuivant; registré au Parlement le 17 Avril 1600, dont ils ont toûjours paisiblement joui jusqu'à présent, & craignant lesdits Maistres Jardiniers estre troublez en l'exercice dudit mestier, pour n'avoir par eux depuis l'avenement à la Couronne de Sa Majesté obtenu Lettres de confirmation d'iceux statuts & privilege, pour lesquels ils ont payé la finance à laquelle ils ont esté taxez, comme appert par la quittance du 30 Mars dernier, attachée sous le contre-scel desdites Lettres, pour les causes & autres, Sa Majesté conformément aux Lettres du feu Roi Henry le Grand; Arrêt d'enregistrement d'icelles, Quittance de finance

susdatée, auroit de son autorité royale agréé, confirmé
& approuvé lesdits privileges & statuts, pour en jouir
par eux & leurs successeurs dudit mestier de Jardinier,
pleinement, paisiblement & perpetuellement, tout
ainsi qu'ils ont bien & deuëment joui & usé, jouissent
& usent encore à présent, nous mandant Sa Majesté
faire registrer icelles Lettres, contraindre à l'observation
desdits privileges & statuts tous ceux qu'il appartiendra.
Veu aussi la Requeste à Nous présentée par lesdits Maîtres & Communauté dudit métier de Jardinier, tendante à ce qu'il nous plût ordonner lesdites Lettres &
Statuts être enregistrées au Greffe dudit Châtelet, pour
jouir par eux de l'effet & contenu d'icelles, laquelle requête auroit été de nôtre Ordonnance communiquée
au Procureur du Roi, qui auroit requis lesdites Lettres être registrées ès Registres des Bannieres dudit
Châtelet, pour jouir par lesdits Maîtres du contenu
en icelles selon leur forme & teneur, à la charge que
les Bourgeois de la Ville, Fauxbourgs & Banlieue de
Paris, qui auront des heritages à eux, jouiront des mêmes privileges accordez aux proprietaires desdits heritages à rente, par l'article douzieme desdits Statuts:
Et tout veu & consideré, nous avons du consentement
du Procureur du Roi, auquel le tout a été communiqué, ordonné que lesdites Lettres & Statuts seront registrées ès Registres de Bannieres dudit Châtelet, pour
jouir par lesdits Maîtres Jardinier de la Ville, Fauxbourgs & Banlieuë de Paris, du contenu èsdites Lettres selon leur forme & teneur, à la charge que les
Bourgeois desdits lieux qui auront des heritages à rente

ſcis dans la Ville, Fauxbourgs & Banlieuë, jouiront
des même privilege accordez aux proprietaires par l'article douzieme deſdites Statuts: en témoins de ce, nous
avons fait ſceller ces préſentes. Ce qui fut fait & donné par Meſſire Dreux Daubray, Chevalier Seigneur
Doffemon, Villers & autres lieux, Conſeillers du
Roi en ſes Conſeils d'Etat Privé, & Lieutenant Civil
de la Ville, Prevôſté & Vicomté de Paris. Le Mercredi 26 jour de Juillet 1645. Signé Hubert.

LOUIS, par la grace de Dieu, Roy de France &
de Navarre: A nos Amez & feaux Conſeillers
les Gens tenans nôtre Cour de Parlement à Paris, Salut. Par nos Lettres Patentes du mois de Juin 1645,
cy-attachées ſous le contre-ſcel de nôtre Chancellerie,
& pour les raiſons contenues en icelles, nons avons
confirmé & approuvé les privileges & ſtatuts des Maîtres & Communauté des Jardiniers de noſtre Ville,
Fauxbourgs, Banlieue, Prevôté & Vicomté de Paris;
mais d'autant que depuis ledit temps leſdites Lettres
ne nous ont point été preſentées, que pourriez faire
difficulté d'entrer en la vérification d'icelles, ſi vous
n'avez, ſur ce, nouveau mandement de Nous: Leſdits Maîtres Jardiniers & Communauté dudit métier,
nous ont très humblement fait ſupplier leur vouloir
accorder nos Lettres à ce néceſſaires. A ces Cauſes,
voulant favorablement traiter leſdits Maîtres Jardiniers, & leur témoigner que nôtre intention eſt que chaque Communauté ſoit gouvernée & obſervée par les
Statuts qui leur ſont ordonnées. Nous vous mandons

& ordonnons par ces préfentes, que vous ayez à faire
regiftrer lefdites Lettres, & du contenu en icelles faire
jouir lefdits expofans pleinement & paifiblement, &
obferver les Statuts de ladite Communauté exactement; fans fouffrir qu'aucun y intervienne, & ce nonobftant la date & furannation defdites Lettres de
confirmation defdits privileges & Statuts, que ne voulons nuire ni préjudicier aufdits expofans, & de laquelle en tant que befoin eft ou feroit, nous les avons
relevé & relevons par ces prefentes. Car tel eft nôtre
plaifir. Donné à Paris le 9 jour de Septembre l'an de
grace 1654, & de nôtre regne le douzieme. Signé par
le Roi en Confeil, Vigneron. Et au bas eft écrit. Regiftrées, oüi le confentant le Procureur General du
Roi, pour jouir par les Impétrans de l'effet y contenu felon leur forme & teneur. A Paris en Parlement
le 14 Avril 1655. Signé du Tillet.

Extrait des Regiftres de Parlement.

ENtre Nicolas Louvet, Claude Giverny, Nicolas
Coipel, Nicolas Lavois, Germain Rivault,
Jean Nepveu, Hubert Lallier, Guillaume Allard,
Elie Payen, Louis Dagory, Jacques Gogon, Charles
Handigny, Claude Regnault, Touffaint Goullas,
Vincent Ufé, Noël André, Claude Infré, Vincent
Garnier, Nicolas Girard, Robert Boullard, Olivier
Louvet, Laurent Patry, Michel Dijon, Charles
Handeny, Jean Totin, Marin Dijon, Pierre Gilbert,
&

& Jean Regnault, *tous Compagnons Jardiniers de la*
Ville, Fauxbourgs & Banlieuë de Paris, demandeurs
en requête par eux présentée à la Cour, le   jour
d   1655, à ce qu'il plaise à la Cour les recevoir parties intervenantes en l'inftance d'Appel,
pendant en ladite Cour entre ledit Michel Dijon, Ap-
pellant d'une Sentence rendue par le Prévôt de Paris,
ou fon Lieutenant Civil, le 9 Septembre dernier, d'une
part, & les Jurez-Jardiniers de cette Ville intimés,
d'autre, en conféquence les recevoir oppofans à l'en-
régiftrement, vérification & confirmation des Statuts
des Maîtres Jardiniers obtenus par les Jurez dudit
Métier, & pourfuivis en ladite Cour par les Défendeurs & Demandeurs ci-après nommés ; faifant droit
fur leur oppofition, que défenfes fuffent faites auxdits
Maîtres & Jurés-Jardiniers d'exiger fur lefdits Compagnons autres fommes que de cinq fols pour vifite
par chacun an fur chacun d'eux, & moyennant ce,
il leur fut permis de vendre aux Halles, & autres
Places publiques de cette Ville les Marchandifes de
verdure, plans & plantes de leur Métier ; défenfe
de les y troubler, conformement aux Arrêts du
Confeil privé de fa Majefté & de la Cour, & Défendeurs d'une part, & la Communauté des Jurez des
Maîtres Jardiniers de ladite Ville, Prévôté & Banlieue
de Paris, Défendeurs & Demandeurs en autres : Requête par eux préfentée à ladite Cour, le
du préfent mois de Mars, à ce que nonobftant &
fans avoir égard à l'oppofition defdits Compagnons
Jardiniers, dont ils feroient déboutés defdites Lettres-

E

Patentes de confirmation, & de leurs anciens & modernes ſtatuts & privileges dudit Métier fuſſent vérifiés en ladite Cour, & regiſtrés au Greffe d'icelle, & ſuivant icelle maintenus & gardés en leurdit privileges d'autres ; *après que le Joug Procureur deſdits Compagnons Jardiniers, en vertu de la procuration ſpéciale à lui paſſée par eux le 9 du préſent mois de mars*, a déclaré pour leſdits Compagnons Jardiniers, qu'ils ſe déſiſtoient de l'oppoſition qu'ils avoient formée à l'enregiſtrement des Lettres de confirmation des Statuts deſdits Maiſtres Jardiniers obtenus par les Jurez dudit meſtier, ont conſenti que leſdites Lettres ayent lieu : *Appointé eſt oui ſur ce le Procureur General du Roi en la Cour, a donné & donne Acte auſdits Compagnons Jardiniers du déſiſtement de l'oppoſition par eux formée*, & en conſequence ayant eſgard à la requeſte deſdits Jurez de la Communauté dudit meſtier, a ordonné & ordonne que leſdites lettres patentes de confirmation des modernes & anciens ſtatuts, privileges & reglemens de leur dit meſtier, ſeront verifiées & regiſtrées en la Cour, ſi faire ſe doit, pour jouir par la Communauté dudit meſtier du contenu en icelles ; enſemble des reglemens & privileges attribuez audit meſtier. Fait en Parlement le 20. jour de mars 1655. Signé, Du Tillet, Greffier, avec collation.

Extrait des Regiſtres de Parlement.

VEu par la Cour les Lettres Patentes du Roy, données à Paris au mois de Juin 1645. Signées ſur le repli par le Roi Vabois, & ſcellées ſur lacs de ſoye du grand ſceau de cire verte, obtenues par les Maiſtres & Communauté du Meſtier de Jardinier en la Ville, Fauxbours, Banlieuë, Prevoſté & Vicomté de Paris, pour leſquels ledit Seigneur après avoir fait voir en ſon Conſeil les Privileges & Statuts confirmés par les Lettres du feu Roy Henry le Grand, avec l'Arreſt d'enregiſtrement & Quittance de finance par eux payée pour ladite confirmation, auroit confirmé & approuvé leſdits privileges & Statuts, pour en jouir par eux & leur ſucceſſeurs audit métier de Jardinage, pleinement, paiſiblement & perpetuellement, & tout ainſi qu'ils en ont joui, bien & duement uſé, jouiſſent & uſent encore de preſent, ainſi & comme plus au long eſt porté par leſdites Lettres à la Cour adreſſante : Lettres de ſurannation deſdites Lettres du 9 Septembre 1654. leſdits Status du 25. Octobre 1599. & lettres de confirmation d'iceux du mois de Novembre enſuivant, regiſtrées en Parlement le 27. Avril 1600. & autres pieces attachées ſous le contre-ſcel. Arreſt de la Cour du 13. Mars 1655. rendu ſur l'oppoſition de Nicolas Louvet, Claude Givery, Nicolas Coipel & conſorts, tous Compagnons Jardiniers de la Ville & Faubourgs de

E ij

Paris, portant que sans y avoir égard il sera passé outre à l'enregistrement desdites Lettres : Requestes presentées à ladite Cour par les Impetrans, afin d'enregistrement desdites Lettres ; Conclusions du Procureur General du Roi, & tout consideré. La Cour a ordonné & ordonne que lesdites Lettres seront registrées au Greffe d'icelle, pour jouir par lesd. Impetrans, de l'effet & contenu en icelles selon leur forme & teneur, ainsi qu'ils en ont bien & deuement joui & usé, jouissent & usent encore de present ; & sera le present Arrest executé par vertu de l'extrait d'icelui. Fait en Parlement le 14. Avril 1655. Signé Du Tillet, Greffier.

Le contenu ès articles de l'autre part écrit, publié à son de Trompe & Cry public aux lieux de la Place de Gréve, Halles, Escoles Saint Germain, la Porte de Paris, Carrefour Saint Severin, Place Maubert, & autres Places & Marchez publics à faire cry par moy Charles Canto, Huissier-Sergent à Verge, & Crieur Juré du Roy en son Chastelet, Prevosté & Vicomté de Paris, appellé par moy Trompette dudit Seigneur, le jour de 1655. Signé CANTO.

Collationné à l'Original par moi Conseiller, Secretaire du Roi & de ses Finances.

Extrait des Registres du Conseil d'Estat.

VEu par le Roi en son Conseil, la Requeste présentée à Sa Majesté par la Communauté des Jardiniers de Paris, tendante à ce qu'il lui plût leur donner acte des offres & soumissions qu'ils font de payer dans tel temps qu'il plaira à sa Majesté, non seulement la finance des Offices d'Auditeurs-Examinateurs des comptes des revenus de leur Communauté créés par Edit du mois de Mars 1694. & depuis reunis à ladite Communauté en consequence de l'Arrest du Conseil du 14. Juin 1695. mais aussi de rembourser celle qui a été payée à sa Majesté pour les Offices de Jurez de lad. Communauté par les particuliers qui en font pourvûs, même leurs frais & loyaux cousts, suivant la taxe qui en sera faite par telle personne qu'il plaira à sa Majesté de commettre à cet effet, cependant leur permettre de faire informer pardevant le sieur Lieutenant General de Police, ou tel autre Juge qu'il plaira à sa Majesté, des faits contenus en ladite Requête, circonstances & dependances, & faire deffenses ausdits Jurez de continuer leurs visites chez les Maîtres & Compagnons du Métier, ni de faire aucune fonction de Jurande ; l'Acte signé par Charles Bellard, Louis Totin, Jean-Baptiste Boivinet, & Nicolas Chevalier, Jurez des Jardiniers de la Ville & Fauxbourgs de Paris le 5. du present mois d'Octobre, par lequel ils consentent que les Offices de Jurez dont ils sont pourvûs, soient & demeurent à l'avenir réunis & incorporez à la Communauté desdits Maîtres Jardiniers, & offrent à cet effet de lui en faire toute demission & cession necessaire en les remboursant argent comptant ; tant de la finance payée pour ceux desdits Officiers qui ont acquis leurs Offices directement de sa Majesté, que depuis porté par les Contrats d'acqui-

fition de ceux d'entr'eux qui ont acquis leur Charge
des premiers pourvûs d'icelles ou de leurs heritiers,
enfemble des frais & loyaux coufts & autres depenfes
faites par aucuns defdits Jurez, fuivant l'état qui en
a été remis au fieur Procureur du Roi au Châtelet,
& arrêté par lui en prefence de Monfieur le Chance-
lier, à la charge auffi qu'il leur fera permis de recevoir & faire payer les droits de vifite qui leur font
deus pour le quartier écheu le 30 Septembre dernier,
enfemble les reftes qui leur font encore deus des quartiers precedens, fi mieux n'aime la Communauté les
leur payer & en faire le recouvrement, ainfi que bon
leur femblera, fuivant les états qu'ils en fournirront
& certifieront veritables ; & femblablement que la
Communauté s'obligera de les acquitter, tant en principal qu'interèt, de l'emprunt qu'ils ont fait pour
payer le premier tiers de la finance des Offices d'Auditeurs-Examinateurs des comptes de lad. Communauté, même de les faire décharger des foûmiffions
qu'ils ont faites au traitant pour le payement du furplus de ladite finance : Veu auffi l'extrait du rôle arrêté au Confeil le 26 Juin 1696. par lequel la finance
defdits Offices d'Auditeurs des comptes a été reglée
à la fomme de 4000 livres & les 2 fols pour livre ;
enfemble copie du recepiffé, figné Peffemeffe, Caiffier
du Traitant defdits Officier du 23 Juillet dernier, de
la fomme de 1466 liv. 13 fols 4 deniers payés par
lefdits Bellard, Totin, Boivinet & Chevalier, à compte
de la fomme de 4400 livres pour le principal, & les
deux fols pour livre de la finance defdits Offices d'Au-

diteurs : & ouï le rapport du sieur Phelyppeaux de
Pontchartrain, Conseiller ordinaire au Conseil Royal,
Controlleur General des Finances, LE ROY EN
SON CONSEIL, a ordonné & ordonne du consentement desdits Bellard, Totin, Boivinet & Chevalier,
que les Offices de Jurez des Jardiniers de la Ville,
Fauxbourgs de Paris, dont ils sont pourveus, seront
& demeureront réunis & incorporez à toujours à la
Communauté desdits Jardiniers, auquel effet ils lui en
feront toutes demissions & cessions necessaires, en leur
payant comptant par ladite Communauté, sçavoir
ausdits Bellard & Totin, les sommes contenues ès
quittances de finantes attachées sous le contrescel de
leurs lettres de provisions ; & ausd. Boivinet & Chevalier le prix porté par les contracts d'acquisition qu'ils
en ont faits des premiers titulaires desdits Offices, ou
de leurs héritiers, & les remboursant des frais, loyaux
cousts, & autres depenses par eux faites suivant la
liquidation qui en sera faite devant le Procureur de sa
Majesté au Châtelet ; ce faisant permet à ladite Communauté de proceder incessamment à l'élection des
nouveaux Jurez, lesquels pourront faire leurs fonctions sur les simples commissions qui leur seront de-
livrées par led. Procureur du Roi, sans être obligés
d'obtenir des Lettres de provision, ni de confirmation
de sa Majesté, qui les en a dispensé, dérogeant pour
cet égard à son Edit du mois de Mars 1691. Veut
neanmoins & entend sa Majesté que lesd. Bellard,
Totin, Boivinet & Chevalier puissent recevoir & se
faire payer des droits de visite qui leur sont deus jus-

qu'au dernier du préfent mois d'Octobre : Ordonne aufli fa Majefté que les Offices d'Auditeurs-Examinateurs des comptes des revenus de lad. Communauté créez par Edit du mois de Mars 1694 feront & demeureront réunis à icelle en payant par lad. Communauté ce qui refte deub de la fomme de 4000 liv. à laquelle a été reglée la finance defdits Offices par le rôle arrêté au Confeil le 26 Juin dernier, & les 2 fols pour livre de ladite fomme ; fçavoir la moitié dans le mois de Novembre prochain, & l'autre moitié en celui de Decembre fuivant, & rembourfant lefdits Bellard, Torin, Boivinet & Chevalier, de la fomme de 1460 liv. 13 fols 4 deniers par eux payée à compte de lad. finance, fuivant le recepiffé figné Peffemeffe, du 23 Juillet dernier, enfemblement des interêts de lad. fomme depuis le jour dudit payement, au moyen de quoi lad. Communauté jouira des gages & du droit Royal attribués aufdits Offices ; fçavoir defd. gages à compter du jour porté par l'Arrêt du Confeil du 4 Septemb. dernier, & du droit Royal depuis l'Edit du mois de Mars 1694, & pour faciliter à la Communauté lefd. payemens, ordonne fa Majefté qu'elle s'affemblera inceffamment en préfence de fon Procureur au Châtelet, pour convenir des moyens les plus prompts, & les moins à charge à ladite Communauté ; Enjoint audit Procureur du Roy de tenir la main à l'exécution du préfent Arrêt. FAIT au Confeil du Roy tenu à Fontainebleau le 27 jour d'Octobre 1696. Collationné, *Signé*, DELAISTRE.

Le fixiéme jour de Novembre 1699. à la requête de
Nicolas

Nicolas Himet, Jacques Hebert, Pierre Pinſon, Michel Baudin, Louis Petit, Laurent Dangé, Pierre le Maître, & Jean Laiſné, Jardiniers à Paris & nommez par la Communauté des Jardiniers de la Ville & Fauxbourgs de Paris, pour faire le rembourſement en queſtion, qui ont éleu leur domicile en la Maiſon de Mᵉ Pelliſſier, Avocat ès Conſeil du Roi : Fut l'Arrêt du Conſeil d'Etat du Roy, rendu à Fontainebleau ſur leur Requête le 27 Octobre dernier, aux fins y contenus, montré, ſignifié & d'icelui laiſſé copies ſeparées à Charles Bellard en ſon domicile Faubourg S. Martin en parlant à ſa perſonne, à Louis Totin en ſon domicile au Temple, parlant à ſa perſonne, à Jean-Baptiſte Boiſvinet rue S. Lambert, parlant à ſa perſonne, & à Nicolas Chevalier rue S. Dominique, parlant à ſa femme ; Leſdits Bellard, Totin, Boivinet & Chevalier pourvûs des Offices de Jurez hereditaires de la Communauté des Jardiniers de Paris, à ce que du contenu audit Arrêt ils n'ignorent, & ayent à y obéir, & en vertu d'icelui nous Huiſſier ordinaire des Conſeils du Roy ſouſſigné, avons de par ſa Majeſté fait très-exprès commandement auſdits Bellard, Totin, Boivinet & Chevalier parlant, comme dit eſt, de ſe trouver demain Mercredy ſeptiéme du preſent mois, deux heures de relevée, en l'étude de Mᵉ Thibert Notaire au Châtelet rue S. Avoye, pour recevoir comptant ; ſçavoir leſdits Bellard & Totin la ſomme de 1500 livres, chacun pour le prix de la finance deſd. Offices, ſuivant les quittances qu'ils en rapporteront attachées ſous le contreſcel de leurs Proviſions, & leſd. Boivinet &

F

Chevalier le prix porté par les Contrats d'acquisition qu'ils ont fait desd. Charges & qu'ils affirmeront véritablement : & faute par lesdits Bellard, Totin, Boivinet & Chevalier, de satisfaire au present commandement, & de se trouver audit jour, lieu & heure, nous leur avons declaré pour ladite Communauté, qu'elle consignera ès mains dud. Mᵉ Thibert Notaire, la somme de 3000 liv. pour le remboursement desd. Bellard & Totin, & que lad. Communauté procedera à l'élection de nouveaux Jurez. Et en outre nous avons sommé lesd. Bellard, Totin, Boivinet & Chevalier, que ladite Communauté leur feroit de même le remboursement de la somme de 1466 livres 13 sols 4 deniers par eux pretendus payez au traitant des Offices d'Auditeurs des comptes de ladite Communauté, ensemblement les interêts de ladite somme à eux adjugez par le present Arrêt, sinon que ladite somme sera & demeurera de même consignée ès mains dudit Mᵉ Thibert, en rapportant neanmoins par eux main-levée des oppositions à la délivrance desdits deniers, si aucuns se trouvent, le tout sans préjudice à la Communauté de ses autres droits, Actions & pretentions, par nous signé, SALLÉ.

Extrait des Regiſtres du Conſeil d'Etat.

SUR la Requête preſentée au Roi en ſon Conſeil
par les Jurez, Corps & Communauté des Maîtres Jardiniers à Paris, contenant que pour obéir aux
ordres de Sa Majeſté, pluſieurs deſdits Maîtres ayant
fait leurs ſoumiſſions, non-ſeulement de payer la finance des Offices d'Auditeurs-Examinateurs des comptes créez par Edit du mois de Mars 1694. avec les deux
ſols pour livre de ladite Finance, mais auſſi de rembourſer celle qui avoit été payez par les nommez Totin, Bellard, Boivinet & Chevalier, pour la Finance
des Offices de Jurez, créez par Edit du mois de Mars
1691. Et leſdits Totin, Bellard, Boivinet & Chevalier, ayant conſenti de recevoir leur rembourſement,
par Arreſt du Conſeil du 27. Octobre 1696. Sa Majeſté auroit ordonné la réunion deſdits Offices de Jurez
de la Communauté, en rembourſant auſdits Bellard &
Totin ce qu'ils avoient payé pour la finance de leurs
Charges, & auſdits Boivinet & Chevalier le prix porté
par leurs Contrats d'acquiſition, leſquels pourroient
ſe faire payer de leurs droits de viſite juſqu'au premier
dudit mois d'Octobre; Ce faiſant auroit permis à ladite
Communauté des Jardiniers de procéder à l'élection
des Jurez, & ordonne que ceux qui ſeroient élûs, en
exerceroient les fonctions en vertu des Commiſſions
qui leur ſeroient délivrées par ſon Procureur au Châtelet, comme auſſi Sa Majeſté auroit ordonné par led.
Arreſt que les Offices d'Auditeurs des comptes ſeroient

réunis à la Communauté en payant par elle ce qui
restoit dû à la somme de 4000 livres à laquelle la Finance desdits Offices avoit été réduite & moderée, &
des deux sols pour livre & remboursant lesdits Totin,
Bellard, Boivinet & Chevalier, de la somme de 1466
liv. 13 f. 4 deniers par eux payez & comptez de ladite
Finance avec les interests; & que pour faciliter ledit
payement, & convenir des moyens les plus prompts
& les moins à charge à la Communauté, elle s'assem-
bleroit incessamment en presence de son Procureur au
Chastelet, auquel Sa Majesté auroit enjoint de tenir
la main à l'exécution dudit Arrest, en conformité duquel, les Anciens & autres principaux Maistres de la
Communauté s'étant diverses fois assemblez, par une
premiere deliberation du 7 Novembre 1696. ils auroient en premier lieu approuvé & confirmé ce qui
avoit été fait par Michel Baudouin, Pierre Pinson &
Consors, en exécution de la déliberation de ladite
Communauté du 20 Juillet de ladite année 1696.
pour la réunion des Offices de Jurez & d'Auditeurs-
Examinateurs des comptes au profit de la Communauté, & se seroient soûmis à l'exécution dudit Arrest
du Conseil du 27 Octobre audit an 1696. En second
lieu, ils auroient donné pouvoir ausdits Baudin, Pinson & Consors, de rembourser les Jurez pourveus des
Offices tant de leur finance que du prix de leurs Contrats, frais, loyaux cousts, & conformément audit
Arrest du Conseil, & consenti qu'en vertu des payemens qui seroient par eux faits ausdits Jurez de la Finance & du prix de leurs charges, frais & loyaux

couſts , même de 1466 livres qu'ils avoient avancez
pour le payement de ladite Finance deſdits Officiers
d'Auditeurs des comptes , ils ſeroient & demeureroient créanciers de ladite Communauté ſubrogez en
tous les droits des pourvûs deſdits Offices de Jurez ,
& qu'en cette qualité ils auroient hypotéque ſpéciale
& privilege ſur leſdits Offices de Jurez & Auditeurs
des comptes , gages , droit Royal & autres droits y
attribuez , ſans qu'il fût beſoin de leur en paſſer aucun
Contrat de conſtitution ni autre Acte par ladite Communauté , que ladite déliberation & les quittances qu'il
rapporteroit des payemens qui auroient été faits par
lui ou par autres , en l'acquit de ladite Communauté ,
que pour parvenir au payement & rembourſement des
ſommes qui auront été fournies par leſdits Baudin &
Conſors , ou autres qui auroient payé leſdites Finances , il ſeroit fait un Rolle tant par eux que par les
Jurez , & ſix Anciens qu'ils appelleront avec eux , de
tous les Maiſtres & Compagnons Jardiniers , qui contiendroit les ſommes pour leſquelles chacun ſeroit
tenu de contribuer au payement de ladite finance , le
tout ſuivant l'avis du ſieur Procureur du Roy au Chaſtelet , auquel ils ſe ſeroient ſoûmis , leſquels Maiſtres
& Compagnons ſeroient contraints au payement des
ſommes pour leſquels ils auroient été employez audit
Rolle de repartition , & leſquelles ſeroient employez
au rembourſement des ſommes qui auroient été portées par leſdits Baudin & Conſors , ou autres avec
eux , leſquels pour témoigner leur affection à la Communauté , conſentoient n'être payez d'aucuns intereſts

des sommes principales par eux preftées & les frais
qu'ils auroient fait légitimement, & qui feroient pareillement réglez par l'avis dudit fieur Procureur du
Roy leur feroient rembourfez dans trois mois, à
compter du jour des payemens qui auroient efté faits
par eux, que pour reconnoiftre la grace faite à la Communauté par ledit Baudin & Confors, même pour
engager d'autres Maiftres & Compagnons de prefter
à la Communauté, ils auroient confenti que lefdits
Michel Baudin, Pierre Pinfon, Louis Petit, Nicolas
Himet, & Pierre le Maiftre, fuffent difpenfez d'eftre
élûs & nommez Jurez, & que néanmoins ils euffent
dés ledit jour & à l'avenir le rang, qualité & tous les
droits & privileges qui appartiennent aux anciens Jurez, & que Laurent Danger, Jean Laifné, & Jacques
Hebert Compagnons, fuffent receus Maiftres fans aucuns frais ; & qu'à l'inftant de leur réception, ils euffent pareillement la qualité, le rang & tous les privileges d'Anciens, tout de même que s'ils avoient
exercez la Jurande ; que les Jurez qui feroient élûs ne
pourroient fans la participation defdits Baudin & Confors faire aucune chofe qui regardât la Communauté,
ains, feroient tenus les appeller à toutes les affaires
& déliberations de quelque qualité qu'elles puffent
eftre, jufqu'à ce qu'ils euffent été entierement rembourfés des fommes par eux avancés, & que ceux des fils
des Maiftres & Compagnons qui fe préfenteroient à la
Maiftrife dans un mois feroient receus fans payer aucuns droits aux Jurez ni aux Anciens, en exécution
de laquelle déliberation dépofé pour minute chez Thi-

47

bert Notaire au Chaſtelet, leſdits Baudin, Pinſon &
autres ayans à l'inſtance porté diverſes ſommes mentionnées dans l'Acte du même jour 7 Novembre 1696.
paſſé en l'étude dudit Thibert Notaire, montant enſemble à celle de dix mille quatre cens ſoixante livres,
ils auroient fait offre des deniers à découvert auſdits
Bellard, Totin, Boivinet & Chevalier, Jurez en titre
d'Office, de les rembourſer conformément audit Arrêt
du Conſeil du 27 Octobre dernier, & à deffaut par
eux d'eſtre comparus pour les recevoir, les auroient
laiſſez entre les mains dudit Thibert Notaire, par forme de depoſts, & depuis les auroient employez à rembourſer leſdits Bellard, Totin, Boiviner & Chevalier,
tant du prix de leurs Contrats que de la finance de
leurs charges de Jurez, leurs frais & loyaux couſts la
ſomme de mille quatre cens ſoixante-ſix livres, &
intereſt d'icelle & frais faits en conſéquence, même les
auroient rembourſés de ce qui pouvoit leur eſtre deu
pour leurs anciennes viſites, dont la reſerve leur avoit
été faite par ledit Arreſt du Conſeil; de tous leſquels
payemens les quittances ayant été données pardevant
ledit Thibert & ſon Compagnon Notaires au Chaſtelet; ladite Communauté après avoir procedé à l'élection des Jurez, ſe ſeroit de nouveau aſſemblée avec
pluſieurs Compagnons dudit meſtier, & par une déliberation du 20 Décembre 1696. voulant pourvoir au
payement de ce qui reſte dû de la Finance des Offices
d'Auditeurs des comptes, & au rembourſement de la
ſomme de 10460 livres avancée par leſdits Baudin,
Pinſon & autres dénommés dans l'acte du 7 Novem-

bre dernier , tant pour le payement du premier tiers
de ladite Finance , que pour le remboursement des
Jurez en titre d'Office , & des frais qn'il conviendra
faire à l'advenir pour l'obtention de l'Arrest du Conseil & Lettres Patentes confirmatives d'icelui & de leurs
Statuts , & les faire enregistrer au Parlement , & en
même temps rétablir l'ordre & la discipline dans leur
Communauté qui avoient été entierement abandonnés
depuis l'année 1691. ils seroient demeurez d'accord
qu'il seroit imposé sur la Communauté une somme de
15500 livres , & que l'état & rolle de repartition de
ladite somme fait par les Jurez avec six Anciens , &
lesdits Baudin , Pinson & Consors , sur tous les Maistres & Compagnons Jardiniers , seroit exécuté selon
sa forme & teneur , & tous les dénommés contraints
au payement des sommes y contenues comme les propres deniers & affaires de Sa Majesté , que les sommes
contenues audit rolle seroient payées en pure perte
par lesdits Maistres & Compagnons , sans pouvoir par
eux en prétendre aucune restitution ni remboursement
sur lad. Communauté , à laquelle chacun d'eux auroit
consenti d'en faire don pour empêcher qu'elle ne fût
accablée de debtes , que lesdites sommes contenues aud.
rolle de repartition seroient receues par lesdits Michel
Baudin & Pierre Pinson , pour les quartiers de la Ville-
l'Evêque & des Porcherons ; par Nicolas Himet &
Jacques Hebert , pour les quartiers de Saint-Laurent ,
Saint-Denis & la Courtille ; par Louis Petit & Laurent Dangé pour les quartiers du Pont-aux-choux ,
Fauxbourg de Saint-Antoine & vallée de Fecamp , &

par

par lesdits Pierre le Maistre & Jean Laisné pour les
quartiers Saint-Victor, Saint-Marcel & Saint-Germain,
& par eux tous employez, premierement à payer les
deux tiers restans dûs de ladite Finance des Offices
d'Auditeurs-Examinateurs des comptes, & ensuite à
leur remboursement des sommes pour lesquelles ils
avoient contribué au prest de ladite somme de 10460
livres, & ce par concurrence & contribution entr'eux
au sol la livre, & que lesdits Créanciers seroient payés
desdites sommes principales seulement, au cas qu'ils
soient entierement remboursés dans le 7 Fevrier de la
présente année, & au cas qu'ils ne soient pas entierement remboursés dans ledit jour les interests des sommes qui leur resteront dans l'heure seroient payés, à
commencer ledit jour sept Fevrier jusqu'à leur entier
& parfait remboursement, que les Statuts de ladite
Communauté, Lettres Patentes confirmatives d'iceux,
Arrests & Réglemens rendus en conformité seroient
exécutez selon leur forme & teneur, & la Communauté
maintenue & gardée en tous ses privileges & exemptions à elle accordés de toute ancienneté; Que les Maistres seront maintenus en possession & jouissance de
vendre tous les matins leurs légumes & herbages dans
les Halles, depuis la Halle au bled jusqu'à la rue Saint-
Honoré & rues adjacentes, avec deffenses aux placiers,
revendeuses & autres d'embarrasser pendant le temps
du marché avec des paniers, ou autrement, lesdites places destinées de toute ancienneté pour les
Maistres Jardiniers, qu'il seroit permis à tous Compagnons Jardiniers de se faire recevoir Maistres, pen-

G

dant six mois à commencer du premier Janvier dernier, en payant seulement le demi droit, & pendant
lesdits six mois ils auroient la liberté de venir vendre
leurs légumes & herbages conjointement avec les Maistres, dans le premier Juillet mil six cens quatre-vingt-
dix-sept, & celui-ci passé lesdits Compagnons venans
pour vendre leurs légumes & herbages, ne pourroient
plus se placer avec les Maistres, mais seroient tenus de
prendre leurs places après eux seulement, ainsi que
les domestiques des Bourgeois & des Religieux mandians qui venoient vendre leurs herbages & légumes
a la Halle, sans pouvoir prendre les places des Maistres : Que les Jurez élûs comme subrogez aux droits
des Jurez en titre d'Office feroient la visite quatre fois
l'année chez tous les Maistres & Compagnons tenans
des Jardins à loyer ou les faisant valoir, qu'il leur
seroit payé par chaque Compagnon vingt sols par an &
par chaque Maistre dix seulement, ausquelles sommes
ils seroient demeurez d'accord que les droits de visites
accordez ausd. Jurez par l'Edit du mois de Mars 1691.
& par les provisions demeureroient moderez, à l'é-
gard des Maistres & Compagnons, desquelles droits
de visites il en appartiendroit moitié aux Jurez pour
leurs frais, & l'autre moitié seroit pour les affaires de
la Communauté, ce qui seroit observé de même pour
les autres visites que les Jurez feroient dans la Banlieuë, que les Réglemens faits pour les visites par les
Jurez des légumes, herbages, fruits & oignons, fleurs,
verjus, arbrisseaux, & pour rapporter les certificats
des Curez, Juges ou Tabellions des lieux, & pour la
prohibition à tous les Regratiers de vendre des arbres

& arbrisseaux sur la vallée, seroient exécutés selon
leur forme & teneur, & lesdites visites faites en la
maniere accoûtumée, que les Jurez seroient obligez
de tenir la main à ce que les Atrests & Réglemens de
Police qui contiennent la prohibition de fumer de
boües de Paris fraîches & des matieres fécales les jardins & terres sur lesquelles on fait venir des légumes
soient observez, & à cette fin, seroient tenus deux
fois l'année de faire leurs visites de toutes les terres &
marais & Jardinages dans les Fauxbourgs & Banlieuë
de Paris, de faire leurs rapports pardevant le sieur
Procureur du Roy du Chastelet de Paris en la maniere
accoûtumée de tous les fumiers qu'ils trouveroient
contraires aux Réglemens de Police, qu'à l'avenir aucun Jardinier ne pourroit tenir jardin ni marais à loyer
qu'il ne fût Maistre, & que pour estre receu Maistre
l'aspirant seroit obligé de faire chef-d'œuvre, & de
payer pour sa réception au profit de la Communauté
vingt livres, y compris le droit Royal, pour la Confrerie cent sols, pour chaque Juré trois livres, pour
huit Anciens appellez alternativement & chacun à leur
tour aux réceptions des Maistres, il seroit payé à chacun trente sols, & vingt sols au Clerc de la Communauté; que les fils des Maistres, soient qu'ils fussent
nez avant ou depuis la Maistrise de leurs peres, seroit receus sans faire aucune expérience, & qu'il seroit
par eux payé seulement demi droit aux Jurez & aux
Anciens; que lesdits Baudin, Pinson & Consors seroient tenus de donner quittances de toutes les sommes qu'ils recevroient des Maistres & Compagnons,

& outre en feroient mention fur un Regiftre, qu'ils feroient obligez de tenir pour chaque quartier, & rendroient compte de tout ce qu'ils auroient receu pardevant ledit fieur Procureur du Roy du Chaftelet en préfence des Jurez, douze Anciens, quatre Modernes & quatre Jeunes; & fi par ledit compte ils fe trouvoient entierement rembourfés, les deniers qui fe trouveront de refte entre leurs mains feront mis entre les mains des Jurez, lefquels feroient pareillement tenus de rendre compte aufdits Baudin, Pinfon & Confors en préfence defdits douze Anciens, quatre Modernes & quatre Jeunes, pardevant ledit fieur Procureur du Roi, de ce qu'ils auroient receu pour droits de vifites, & le délivrer aufdits Baudin, Pinfon & Confors, en cas qu'ils n'euffent pas été entierement payés de lad. fomme de 10460 l. & interefts fi aucuns font deus, même de leurs frais; ce qui fera pareillement obfervé tous les fix mois, jufqu'au parfait payement defdits Baudin, Pinfon & Confors, fans l'avis defquels pendant ledit temps, les Jurez ne pourroient rien faire pour les affaires de la Communauté; & qu'au furplus ledit Arreft du Confeil du 27 Octobre 1696. & les déliberations dudit jour 7 Novembre 1696. feroient auffi exécutés felon leur forme & teneur; enfemble les Ordonnances générales de Police, concernant les Compagnons qui quittent leurs Maiftres, pour en aller fervir d'autres, fuivant lefquelles deffenfes feroient faites à tous Maiftres Jardiniers de débaucher les Compagnons des autres Maiftres, ni de leur donner à travailler de leur métier, qu'auparavant ils ne fuffent allez chez le Mai-

tre du service duquel fort le Compagnon, pour sçavoir s'il est content de son service : Veu aussi ledit
Arrest du Conseil du 27 Octobre 1696. la déliberation du 7 Novembre ensuivant, les quittances de
payemens & remboursemens faites en conséquence
aux Jurez en titre d'Office, ladite déliberation du 20
Décembre dernier : Oüi le Rapport du sieur Phelypeaux de Pontchartrain, Conseiller ordinaire au Conseil Royal, Controlleur Général des Finances : LE
ROY EN SON CONSEIL, a ordonné & or-
donne; que l'Arrest rendu en icelui le vingt-sept Octobre dernier, sera exécuté selon sa forme & teneur, &
conformément audit Arrest en conséquence du remboursement fait ausdits Bellard & Totin, des sommes
contenuës és quittances de finance des Offices de Jurez,
dont ils étoient pourvûs, & ausdits Boivinet & Chevalier, du prix porté par leurs contracts d'acquisition,
de leurs frais & loyaux cousts, & du tiers par eux
avancé de la finance des Offices d'Auditeurs-Examinateurs des comptes, interests & frais; ensemble de
ce qui leur est de reste pour leurs anciens droits de
visites, que lesdits Offices de Jurez seront & demeureront dés à présent & a toûjours réunis & incorporez
purement & simplement à la Communauté des Maîtres Jardiniers, & les Jurez nouvellement élûs, &
ceux qui le seront à l'avenir, exerceront lesdites Charges, en vertu des Commissions du Procureur de Sa
Majesté au Chastelet, ainsi qu'il se pratiquoit auparavant l'Edit du mois de Mars 1691. & qu'en payant
ce qui reste dû de la somme de 4000 livres, à laquelle

a esté moderée la finance des Offices d'Auditeurs-Examinateurs des comptes, & des deux sols pour livre de ladite finance, lesdits Offices seront & demeureront pareillement réunis & incorporez pour toûjours à ladite Communauté des Maistres Jardiniers, sans être obligez de prendre des Lettres de provision de sa Majesté, les a aussi relevez & dispensez, ce faisant ladite Communauté jouira de *quarante livres de gages* attribuez ausdits Offices conformément à l'Arrêt du Conseil du 4 Septembre mil six cens quatre-vingt seize, & du droit Royal, à commencer du jour de l'Edit du mois de Mars 1694, tel qu'il a été établi par celui du mois de Mars 1691. Ordonne que lesdits Baudin, Pinson & Consors, qui ont fourni leurs deniers pour rembourser les Offices de Jurez, & ce qui avoit été avancé sur la Finance des Offices d'Auditeurs des comptes, seront & demeureront creanciers de la Communauté, en vertu des quitrances qui font mention que les payemens en ont été faits de leurs deniers, & qu'en conséquence ils auront hypoteques & privilege spéciale sur lesdits Offices, Gages, Droit royal, droit de visite, & autres Droits y attribuez, & pour leur en faciliter le remboursement, ordonne Sa Majesté que l'état & rolle de répartition de la somme de quinze mille cinq cens livres, fait tant par eux, que par les Jurez de l'avis de six anciens sera exécuté selon sa forme & teneur, & les Maîtres & Compagnons y denommez contraints au payement des sommes pour lesquelles ils y sont compris, comme pour les propres deniers & affaires de sa Majesté, sans qu'ils puissent prétendre aucune restitution ni remboursement desdites sommes sur la Communauté, suivant la délibérarion d'icelle, du 20 Décembre dernier, seront les sommes portées par ledit rolle de répartition reçues par les dénommez en ladite délibération, chacun dans les quartiers y mentionnez, & par eux employez, premierement à payer ce qui reste dû de la Finance des Offices d'Auditeurs-Examinateurs des comptes, & les deux sols pour livre de ladite Finance, & ensuite au remboursement de la somme de dix mille quatre cens soixante livres, fournie & avancée par lesdits Baudin, Pinson & autres; desquelles sommes les interests leur seront payez, à commencer seulement du 7 Fevrier dernier, jusques à leur entier & parfait remboursement, seront tenus lesdits Baudin, Pinson & autres dénommez en ladite délibération, pour la recette des sommes contenues ausdits rolles, de donner aux Maistres & Compagnons des Quittances des sommes qu'ils recevront, & en outre d'en faire mention sur un registre qu'ils tiendront pour chaque quartier, & rendront compte, chacun à son égard, aussi-tôt après leur recette finie, de tout ce qu'ils auront reçu, en présence des Jurez, douze Anciens, quatre Modernes, & quatre Jeunes, & des autres creanciers de la Communauté, pardevant le Procureur de Sa Majesté au Chastelet de Paris, & s'il se trouve que lesdits Creanciers ayent reçu quelque chose au-dela du remboursement de leur dû, ils seront tenus de remetrre le surplus entre les mains des Jurez en charge pour estre employez aux affaires de la Communauté dans lesquelles ils ne pourront rien faire à

l'avenir fans la participation defdits Baudin, Pinfon
& confors, & prendre leur avis, tant qu'ils demeureront créanciers de la Communauté, & ce en reconnoif-
fance du Prêt fait à la Communauté par lefdits Baudin & Pinfon, & autres; Sa Majefté ordonne, conformément à la déliberation du vingtieme Decembre dernier, qu'ils ne pourront eftre obligez, fi bon leur fem-
ble, d'exercer la Jurande, & neanmoins qu'ils auront
rang, qualité, & tous les privileges des Anciens; Veut
Sa Majefté que les Statuts de ladite Communauté,
Lettres Patentes confirmatives des Arreft & Reglemens rendus en conféquence, foient executez felon
leur forme & teneur, & ladite Communauté maintenue & gardée en tous les privileges & exemptions à
elle accordez de toute ancienneté; Ce faifant, pourront les Maîtres faire apporter ou envoyer tous les
matins vendre leurs legumes & herbages dans les Halles aux Poirées, depuis la Halle au bled, jufques à
la rue faint Honoré & rues adjacentes, fans préjudice
aux Bourgeois qui ont des jardins dans les Fauxbourgs & Banlieuë de Paris, & autres qui ont droit de
vendre & debiter leurs légumes, de les apporter &
faire apporter au marché les Mercredis & Samedis de
chaque femaine: Veut Sa Majefté, conformément aux
Statuts, que les Afpirans pour être reçus Maîtres,
foient tenus de faire chef-d'œuvre, & payer au profit
de la Communauté, 20 livres y compris le droit royal,
pour la Confrerie cent fols, pour chaque Juré trois
livres, pour chacun des huit Anciens qui feront appellez alternativement chacun à leur tour aux recep-
tion-

tions trente fols, & vingt fols pour le Clerc de la
Communauté, & que les fils de Maîtres foit qu'ils
foient nez avant ou depuis la Maîtrife de leurs peres
foient reçeus Maîtres fans faire aucune experience, en
payant feulement par eux demi droit aux Jurez &
Anciens, & pareillement que pendant fix mois à
compter du jour du prefent Arreft, tous Compagnons puiffent fe faire recevoir Maiftres, en payant
le demi droit feulement. *Les Jurez élûs comme fubrogez aux droits de Jurez en titre d'Offices, qui ont
été rembourfez, feront leurs vifites, fuivant l'ancien ufage, chez tous les Maiftres & Compagnons tenant des
Jardins, faifant valoir des Marais, ou les tenant à
loyer:* Pourquoi il leur fera payé par an pour tous
droits de *vifite par chaque Maiftre dix fols, & par
chaque Compagnon vingt fols, aufquelles fommes de leur
confentement Sa Majefté a réduit & moderé* les droits
de vifite attribuez au Jurez en titre, par l'Edit du mois
de Mars 1691, & par les provifions à eux expediées;
en conféquence duquel droit de vifite il en appartiendra moitié aux Jurez pour leurs frais, & l'autre moitié employée aux affaires de la Communauté; *à l'é-
gard des vifites* qu'ils feront dans la Banlieuë, il en fera
ufé en la maniere accoutumée; lefdits Jurez feront
obligez de tenir la main à ce que les Arrefts & Reglemens de Police qui contiennent la prohibition de fumer de bouës de Paris fraîches, de matiere fécales les
jardins & terres fur lefquelles on fait venir des legumes
foient obfervés, *& à cette fin feront tenus deux fois
l'année de faire des vifites de toutes les terres en marais*

H

& jardinages qui seront tenus par des *Maistres & Compagnons Jardiniers dans les Fauxbourgs & Banlieuë de Paris*, & de faire leur rapport en la maniere accoutumée de toutes les contraventions qu'ils trouveront aux Reglemens de Police sur le fait du Jardinage: Fait Sa Majesté défenses à tous Maistres de débaucher les Compagnons des autres Maistres, ni de leur donner à travailler de leur métier qu'auparavant ils ne soient allé chez le Maistre que le Compagnon a servi, pons sçavoir s'il est content du service dudit Compagnon ; & pour l'exécution du présent Arrest, toutes Lettres nécessaires seront expédiées. Fait au Conseil d'Estat du Roi tenu à Versailles le trentieme jour d'Avril 1697. Collationné, Signé DU JARDIN.

LETTRES PATENTES DU ROY.

LOUIS par la grace de Dieu, Roi de France & de Navarre; A tous présens & à venir, Salut: les Jurez, Corps & Communauté des Maistres Jardiniers de la Ville, Fauxbourgs & Banlieuë de Paris, Nous ont très-humblement fait représenter que pour obéir à nos ordres, plusieurs desdits Maistres ayant fait leurs soumissions, non seulement depuis la finance des Offices d'Auditeurs-Examinateurs de Comptes créez par nostre Edit du mois de Mars 1694. avec les deux sols pour livres de ladite finance, mais aussi de rembourser celle qui avoit été payée par les nommez Totin, Bellard, Boivinet & Chevalier pour la finance des Offices de Jurez créez par nostre Edit du mois de Mars 1691. & lefdits Totin, Bellard, Boivinet & Chevalier ayant confenti de recevoir leur rembourfement par Arreft de noftre Confeil du 27. Octobre 1696. Nous aurions ordonné la réünion defdits Offices de Jurez à la Communauté, en rembourfant aufdits Bellard & Totin ce qu'ils auroient payé pour la finance de leurs Charges, & aufdits Boivinet & Chevalier le prix porté par leurs contrats d'acquifition, lefquels pourroient fe faire payer de leurs droits de vifite jufqu'au premier dudit mois d'Octobre ; ce faifant Nous aurions permis à la Communauté de procéder à l'élection des Jurez, & en outre que ceux qui feroient élus en exerceroient les fonctions en vertu des commiffions qui leur feroient délivrées par noftre Procureur au Chaftelet : Comme auffi nous aurions ordonné par ledit Arreft, que les Offices d'Auditeurs des Comptes feroient réünis à la Communauté, en payant par elle ce qui eftoit deub de la fomme de 4000 livres, à laquelle la finance defdits Offices auroit efté réduite & moderée, & des deux fols pour livre, & rembourfant lefdits Totin, Bellard, Boivinet & Chevalier de la fomme de 1466. livres 13. fols 4. deniers par eux payez à compte de ladite finance avec les interefts ; & que pour faciliter ledit payement, & convenir des moyens les plus propres & les moins à charge à la Communauté, elle s'affembleroit inceffamment en préfence dudit Procureur au Chaftelet, auquel nous avons en joint de tenir la main à l'exécution dudit Arreft, en conformité duquel les anciens & autres principaux Maîtres de la Communauté s'eftant diverfes fois affemblez, par une premiere délibération du 7. Novembre 1696. ils auroient en premier lieu approuvé & confirmé ce qui avoit été fait par Michel Baudin, Pierre Pinfon & confors, en exécution de la délibération de ladite Communauté du 20. Juillet de ladite année 1696. pour la réünion des Offices de Jurez & d'Auditeurs-Examinateurs des comptes au profit de la Communauté, & fe feroient foumis à l'exécution dudit Arreft de noftre Confeil du 7 Octobre audit an 1696. En fecond lieu, ils auroient donné pouvoir audit Baudin, Pinfon & confors de rembourfer les Jurez pourveus defdits Offices, tant de leur finance que du prix de leurs contrats, frais & loyaux coufts, & conformément audit Arreft de noftre Confeil, & confenti qu'en vertu des payemens qui feroient par eux faits aufdits Jurez de la finance, & du prix de leurs charges, frais & loyaux coufts, même des 1466. livres qu'ils avoient avancés pour le payement de ladite finance defdits Offices d'Auditeurs des Comptes, ils feroient & demeuroient créanciers de ladite Communauté, fubrogez en tous les droits de pourveus defdits Offices de Jurez, & qu'en cette qualité ils auroient hypotèque fpécial & privilege fur lefdits Offices de Jurez & Auditeurs des comptes, gages, droit royal; & autres droits y attribuez, fans qu'il fût befoin de leur en paffer aucun contrat de conftitution, ni autre acte par ladite Communauté: que ladite délibération, & les quittances qu'ils rapporteroient des payemens qui auroient été faits par eux ou par autres en l'acquit de ladite Communauté:

que pour parvenir au payement & remboursement
des sommes qui auroient été fournies par lesdits Baudin & consors, ou autres qu'ils auroient payé lesdites finances, il seroit fait un rôle, tant par eux que
par les Jurez & six anciens qu'ils appelleroient avec
eux de tous les Maîtres & Compagnons Jardiniers,
qui contiendroit les sommes pour lesquelles chacun
seroit tenu de contribuer au payement de ladite finance, le tout suivant l'advis de notredit Procureur
au Châtelet, auquel ils se seroient soûmis ; lesquels
Maîtres & Compagnons seroient contraints au payement des sommes pour lesquelles ils auroient été employez audit rôle de répartition, & lesquelles seroient
employées au remboursement des sommes qui auroient
été portées par lesdits Baudin & consors, ou autres
avec eux, lesquels pour témoigner leur affection à la
Communauté, consentoient de n'être payez d'aucuns
intérests des sommes par eux prestées, à condition
que lesdites sommes principales par eux prestées, &
les frais qu'ils auroient faits légitimement, & qui
seroient pareillement réglez par l'avis de nostredit
Procureur, leur seroient remboursez dans trois mois
à compter du jour des payemens qui auroient été faits
par eux ; que pour reconnoître la grace faite à la
Communauté par lesdits Baudin & consors ; même
pour engager d'autres Maîtres & Compagnons de
prester la Communauté, ils auroient consenti, que
lesdits Michel Baudin, Pierre Pinson, Louis Petit,
Nicolas Himet & Pierre le Maître fussent dispensez
d'être élus & nommez Jurez, & que néanmoins ils

euffent dès ledit jour & à l'avenir le rang, qualité &
tous les droits & privileges qui appartiennent aux
anciens Jurez & que Laurent Danget, Jean Laisné,
& Jacques Hebert Compagnons, fuffent reçûs Maîtres fans aucuns frais, & qu'à l'inftant de leur réception ils euffent pareillement la qualité, le rang &
tous les privileges d'Anciens, tout de même que s'ils
avoient exercé la Jurande, que les Jurez qui feroient
élûs ne pourroit fans la participation defdits Baudin
& confors, faire aucune chofe qui regardât la Communauté, ains feroient tenus les appeller à toutes les
affaires & délibérations de quelque qualité qu'elles
puffent être jufques à ce qu'ils euffent été entierement
rembourfez des fommes par eux avancées, & que
ceux des Fils de Maîtres & Compagnons qui fe préfenteroient à la Maîtrife dans un mois feroient receus
fans payer aucuns droits aux Jurez ni aux Anciens,
en exécution de laquelle délibération dépofée pour
minute chez Thibert Notaire au Chaftelet, lefdits
Baudin, Pinfon & autres, ayant à l'inftant porté diverfes fommes mentionnées dans l'Acte du même jour
7. Novembre 1696. paffé en l'Etude dudit Thibert,
montant enfemblement à celle de 10460. livres, ils
auroient fait offres des deniers à découvert aufdits
Bellard, Totin, Boivinet, & Chevalier, Jurez en
titre d'Office, de les rembourfer conformément audit
Arreft de noftre Confeil du 27. Octobre dernier, &
à défaut par eux d'être comparus pour les recevoir,
les auroient laiffez entre les mains dudit Tibert Notaire par forme de dépoft, & depuis les auroient

employez à rembourser lesdits Bellard, Totin, Boivinet & Chevalier tant du prix de leurs contrats que de la Finance de leurs charges de Jurez, leur frais & & loyaux cousts la somme de 1466. livres & intérests d'icelle, & frais faits en conséquence, même les auroient remboursés de ce qui pourroit leur être dû pour leurs anciennes visites, dont la réserve leur auroit été faite par ledit Arrest de notre Conseil, de tous lesquels payemens les quittances ayant été données pardevant ledit Thibert & son Compagnon Notaires au Chastelet: ladite Communauté après avoir procédé à l'élection de Jurez, se feroit de nouveau assemblée avec plusieurs compagnons dudit mestier & par une délibération du 20. Décembre 1696. Voulant pourvoir au payement de ce qui reste dû de la finance des Offices d'Auditeurs des Comptes, & au remboursement de la somme de 10460. livres avancée par lesdits Baudin, Pinson & autres dénommés dans l'Acte du 7. Novembre dernier tant pour le payement du premier tiers de ladite finance, que pour le remboursement des Jurez en titre d'office, & des frais qu'il conviendra faire à la venir pour l'obtention de l'Arrest du Conseil & Lettres-patentes confirmatives d'icelui & de leurs Statuts, & les faire enregistrer au Parlement, & en même temps rétablir l'ordre & la discipline dans leur Communauté qui avoient été entierement abandonnez depuis l'année 1691. ils seroient demeurez d'accord, qu'il seroit imposé sur la Communauté une somme de 15500. livres & que l'état & rôle de répartition de ladite somme fait par les Ju-

rez avec six Anciens, & lesdits Baudin, Pinson &
Consors, sur tous les Maîtres & Compagnons Jardiniers
seroit exécuté selon sa forme & teneur, & tous les y
dénommez, contraints au payement des sommes y
contenuës, comme pour nos propres deniers & affaires; que les sommes contenuës audit rôle seroient
payées en pure perte par lesdits Maîtres & Compagnons, sans pouvoir par eux en prendre aucune restitution ni remboursement sur ladite Communauté, à
laquelle chacun d'eux auroit consenti d'en faire don,
pour empêcher qu'elle ne fut accablée de dettes; que
lesdites sommes contenuës audit rôle de répartion seroient reçuës par lesdits Michel Baudin & Pierre Pinson, pour les quartiers de la Ville-l'Evesque & les
Porcherons, par Nicolas Himet & Jacques Hebert
pour les quartiers S. Laurent, S. Denis & la Courtille; par Louis Petit & Laurent Danget pour les
quartiers du Pont-aux-choux, Fauxbourg S. Antoine
& Vallée de Fecamp, & par lesdits Pierre le Maistre
& Jean Laisné pour les quartiers S. Victor, S. Marcel & S. Germain, & par eux tous employée; premierement, à payer les deux tiers restans dûs de ladite
finance des Offices d'Auditeurs-Examinateurs des comptes, & ensuite à leur remboursement des sommes
pour lesquelles ils avoient contribué au prest de ladite
somme de dix mille quatre cens soixante livres; & ce
par concurrence & contribution entr'eux au sol la
livre, & que lesdits créanciers seroient payez desdites
sommes principales seulement, au cas qu'ils soient entierement remboursez dans le 7. Février de la présente

sente année, & au cas qu'ils ne soient entierement
remboursez dans ledit jour les intérests des sommes
qui leur resteront dans l'heure, seroient payez, à
commencer dudit jour sept Fevrier jusqu'à leur entier
& parfait remboursement; Que les Statuts de ladite
Communauté, Lettres Patentes confirmatives d'iceux,
Arrests & Réglemens rendus en conformité, seroient
exécutez selon leur forme & teneur; & ladite Communauté maintenue & gardée en tous ses privileges
& exemptions à elle accordez de toute ancienneté;
Que les Maîtres seroient maintenus en possession &
jouissance de vendre tous les matins leurs légumes &
herbages dans les Halles, depuis la Halle au bled
jusqu'à la ruë S. Honoré & ruës adjacentes, avec
défenses aux Placiers, Revendeuses & autres d'embarrasser pendant le temps du marché avec des paniers,
ou autrement, lesdites places destinées de toute ancienneté pour lesdits Maîtres Jardiniers, qu'il seroit
permis à tous Compagnons Jardiniers de se faire recevoir Maîtres, pendant six mois à commencer du
premier Janvier dernier, en payant seulement le demi
droit, & pendant lesdits six mois, ils auroient la liberté de venir vendre leurs legumes & herbages conjointement avec les Maîtres & dans les mêmes places
& faute de se faire recevoir Maîtres dans le premier
Juillet 1697. & icelui passé, lesdits Compagnons venans pour vendre leurs légumes & herbages ne pourroient plus se placer avec les Maîtres, mais seroient
tenus de prendre leurs places après eux seulement ainsi
que les domestiques des Bourgeois ou des Religieux

I

mandians qui venoient vendre leurs herbages & legumes à la Halle fans pouvoir prendre les places des
Maîtres; que les Jurez élûs comme fubrogez au droits
du Jurez en titre d'Office feroient la vifite quatre fois
l'année chez tous les Maîtres & Compagnons tenans
des Jardins à loyer, ou les faifant valoir, qu'il leur
feroit payé par chaque Compagnons vingt fols par
an & par chaque Maiftre dix feulement, aufquelles
fommes ils feroient demeurez d'accord que les droits
de vifites accordez aufdits Jurez par l'Edit du mois
de Mars 1691. & par les provifions demeureroient
moderez, à l'égard des Maiftres & Compagnons,
defquels droits de vifites il en appartiendroit moitié
aux Jurez pour leurs frais, & l'autre moitié feroit
pour les affaires de la Communauté, ce qui feroit
obfervé de mème pour les autres vifites que les Jurez
feroient dans la banlieuë, que les réglemens faits pour
les vifites par les Jurez des légumes, herbages, fruits
& oignons, fleurs, verjus, arbriffeaux, & pour rapporter les certificats des Curez, Juges ou Tabellions
des lieux, & pour la prohibition à tous les Regratiers de vendre des arbres & arbriffeaux fur la vallée
feroient exécutes felon leur forme & teneur, & lefdites vifites faites en la maniere accoutumée, que
les Jurez feroient obligez de tenir la main à ce que
les Arrefts & Reglemens de Police qui contiennent
la prohibition de fumer de bouës de Paris fraîches &
des maticres fécales, les Jardins & terres fur lefquels
on fait venir des légumes foient obfervez, & à cette
fin feroient tenus deux fois l'année de faire leurs vi-

fites de toutes les terres & marais & Jardinages dans
les Fauxbourgs & banlieuë de Paris, de faire leurs
rapports pardevant le fieur Procureur du Roy du Chaftelet de Paris en la maniere accoutumée de tous les
fumiers qu'ils trouveroient contraires aux Reglemens
de Police; qu'à l'avenir aucun Jardinier ne pourroit
tenir Jardin ni marais à loyer qu'il ne fût Maiftre,
& que pour être receu Maiftre l'afpirant feroit obligé
de faire chef d'œuvre, & de payer pour fa réception
au profit de la Communauté vingt livres, y compris
le droit Royal, pour la Confrerie cent fols, pour
chaque Jurez trois livres, pour huit Anciens appellez alternativement & chacun à leur tour aux réceptions des Maiftres, il feroit payé à chacun 30. fols,
& vingt fols au Clerc de la Communauté; que les
fils de Maiftres, foit qu'ils fuffent nez avant ou depuis
la Maiftrife de leurs Peres, feroient receus fans faire
aucune expérience, & qu'il feroit par eux payé feulement demi droit aux Jurez & aux Anciens; que
lefdits Baudin, Pinfon & confors feroient tenus de
donner quittances de toutes les fommes qu'il recevroient des Maîtres & Compagnons, & outre en feroient mention fur un Regiftre, qu'ils feroient obligez de tenir pour chaque quartier, & rendroient compte de tout ce qu'ils auroient receu pardevant ledit Procureur du Roy du Chaftelet en préfence des Jurez,
douze Anciens, quatre Modernes & quatre Jeunes;
& fi par ledit compte ils fe trouvoient entierement
rembourfés, les deniers qui fe trouveront de refte entre leurs mains feroient mis entre les mains des Jurez,

I ij

lefquels feroient pareillement tenus de rendre compte
audits Baudin, Pinfon & confors en préfence defdits
douze anciens, quatre modernes & quatre jeunes,
pardevant ledit fieur Procureur du Roy, de ce qu'ils
auroient receu pour droits de vifites, & le délivrer
aufdits Baudin, Pinfon & confors, en cas qu'ils n'euffent pas efté entierement payés de ladite fomme de
10460 livres & intérefts fi aucuns font deus, même
de leurs frais; ce qui fera pareillement obfervé tous
les fix mois, jufqu'au parfait payement defdits Baudin, Pinfon & confors, fans l'avis defquels pendant
ledit temps, les Jurez ne pourroient rien faire pour
les affaires de la Communauté; & qu'au furplus ledit Arreft du Confeil du 27. Octobre 1696. & les
délibérations dudit jour 7 Nov. 1696 feroient faites
auffi exécutés felon leur forme & teneur; enfemble
les Ordonnances génerales de Police, concernant les
Compagnons qui quittent leurs Maiftres, pour en
aller fervir d'autres, fuivant lefquels deffenfes feroient
faites à tous Maiftres Jardiniers de débaucher les Compagnons des autres Maiftres, ni de leur donner à travailler de leur métier, qu'auparavant ils ne fuffent
allez chez le Maître du fervice, duquel fort le Compagnon pour fçavoir s'il eft content de fon fervice,
Surquoi après Nous eftre fait repréfenter ledit Arreft
de noftre Confeil du vingt-fept Octobre 1696. la
délibération du 7 Novembre enfuivant, les quittances de payemens & remboursemens faites en confe-
quence aux Jurez en titre d'Office, enfemble ladite délibération du 20 Decembre dernier ; Nous aurions
pourveu aux Supplians fur leurs demandes, ainfi que

nous l'avons jugé convenable par Arrêt de notre
Conseil du 30 Octobre dernier, & voulant qu'il
forte son plein & entier effet, & que dans son exécution il ne se rencontre dorénavant aucune difficulté,
A CES CAUSES, de l'avis de nôtre Conseil & de nôtre
certaine science, pleine puissance & autorité Royale,
conformément à l'Arrêt de nôtredit Conseil dud. jour
30 Avril dernier, cy attaché sous le contrescel de nôtre
Chancellerie, Nous avons dit & ordonné, disons &
ordonnons par ces presentes signées de nôtre main,
Voulons & nous plaît, que l'Arrêt rendu en nôtred.
Conseil dud. jour, le 27 Octobre dernier, soit executé selon sa forme & teneur, & conformément audit
Arrêt en conséquence du remboursement fait ausdits
Bellard & Totin, des sommes contenues ès quittances
de Finance des Offices de Jurez, dont ils étoient
pourvûs & ausdits Boivinet & Chevalier du prix
porté par leurs Contrats d'acquisition, de leurs frais
& Loyaux coufts, & du tiers par eux avancé de
la Finance des Offices d'Auditeurs-Examinateurs des
comptes, interêts & frais, ensemble de ce qui leur
est deu de reste pour leurs anciens Droits de Visites, que lesdits Offices de Jurez seront & demeureront dès à present, & à toûjours reunis & incorporez purement & simplement à la Communauté
des Maîtres Jardiniers, & les Jurez nouvellement
élûs & ceux qui le seront à l'avenir, exerceront
lesdites Charges, en vertu des Commissions de nôtre
Procureur au Châtelet, ainsi qu'il se pratiquoit auparavant l'Edit du mois de Mars 1691. & qu'en

payant ce qui reste dû de la somme de 4000 liv. à
laquelle a été moderée la finance des Offices d'Auditeurs-Examinateurs des comptes, & des deux sols
pour livres de ladite finance, lesd. Offices seront &
demeureront pareillement reunis & incorporez pour
toûjours à ladite Communauté des Maistres Jardiniers, sans estre obligez de prendre des Lettres de
provision ; dont nous les avons aussi relevez & dispensez ; ce faisant, lad. Communauté jouira de quarante liv. de gages attribuez ausd. Offices conformément à l'Arrest de nôtre Conseil du 4 Septembre
1696. & du droit Royal, à commencer du jour de
l'Edit du mois de Mars 1694. tel qu'il a été établi
par celuy du mois de Mars 1691. Ordonnons en outre, que lesdits Baudin, Pinson & Consors qui ont
fourni pour rembourser les Offices de Jurez ce qui
avoit été avancé sur la Finance des Offices d'Auditeurs
des Comptes, seront & demeureront Creanciers de la
Communauté, en vertu des quittances qui font mention que les payemens ont été faits de leurs deniers ;
& qu'en conséquence ils auront hypoteques & privilege speciale sur lesdits Offices, gages, Droit Royal,
Droit de Visite, & autres Droits y attribuez ; & pour
leur en faciliter le remboursement, Nous ordonnons
aussi que l'Etat & Rolle de repartition de la somme
de quinze mille cinq cens livres, fait tant par eux
que par les Jurez, de l'advis de six anciens, sera executé selon sa forme & teneur, & les Maîtres & Compagnons y denommez, contraints au payement des
sommes pour lesquelles ils y seront compris, comme

pour nos propres deniers & affaires ; fans qu'ils puiffent
pretendre aucune reftitution ni rembourfement defdites
fommes fur la Communauté , fuivant la deliberation
d'icelle , du vingtieme Decembre dernier : feront les
fommes portées par ledit Rolle de repartition reçûes
par les dénommez en ladite deliberation , chacun dans
les quartiers y mentionnez , & par eux employez ,
premierement à payer ce qui refte dû de la finance
des Offices d'Auditeurs-Examinateurs des Comptes ,
& des deux fols pour livre de ladite Finance , & enfuite au rembourfement de la fomme de dix mille
quatre cens foixante livres , fournie & avancée par
lefdits Baudin , Pinfon & autres ; defquelles fommes
les interefts leur feront payez , à commencer feulement du 7 Fevrier dernier , jufques à leur entier &
parfait rembourfement , feront tenus lefdits Baudin ,
Pinfon & autres dénommez en ladite déliberation ,
pour la recette des fommes contenues aufdits Rolles ,
de donner aux Maiftres & Compagnons des Quittances des fommes qu'ils recevront , & en outre d'en
faire mention fur un Regiftre qu'ils tiendront pour
chaque quartier , & rendront compte , chacun à fon
égard , auffi-tôt aprés leur recette finie , de tout ce
qu'ils auront reçû , en prefence des Jurez , douze
Anciens , quatre Modernes , & quatre Jeunes , &
des autres creanciers de la Communauté , pardevant
le Procureur de Sa Majefté au Châtelet de Paris ,
& s'il fe trouve que lefdits Creanciers ayent reçû
quelque chofe au-dela du rembourfement de leur
dû , ils feront tenus de remettre le furplus entre

les mains des Jurez en charge, pour être employez
aux affaires de la Communauté dans lesquelles ils
ne pourront rien faire à l'avenir, sans la participation desdits Baudin, Pinson & Consors, & prendre leur avis tant qu'ils demeureront creanciers de
la Communauté, & ce en reconnoissance du prest
fait à la Communauté par lesdits Baudin & Pinson
& autres. Ordonnons en outre, conformément à la
déliberation du vingtiéme Decembre dernier, qu'ils
ne pourront être obligez, si bon ne leur semble,
d'exercer la Jurande, & neanmoins qu'ils auront
rang, qualité, & tous les autres privileges des Anciens. Voulons que les Statuts de ladite Communauté, Lettres Patentes confirmatives des Arrêts &
Reglemens rendus en consequence, soient executez
selon leur forme & teneur ; & ladite Communauté
maintenue & gardée en tous les Privileges & exemptions à elle accordez de toute ancienneté : Ce faisant permettons aux Maistres de faire apporter ou
envoyer tous les matins vendre leurs legumes & herbages dans les Halles aux Poirées, depuis la Halle
au bled, jusques à la rue Saint Honoré & rues adjacentes ; sans prejudice aux Bourgeois qui ont des Jardins dans les Fauxbourgs & Banlieue de Paris, &
autres qui ont droit de vendre & debiter leurs légumes, de les apporter & faire apporter au marché
les Mercredis & Samedis de chaque semaine : Voulons
en outre, conformément aux Statuts, que les Aspi-
rans pour être reçûs Maîtres, soient tenus de faire
chef-d'œuvre, & payer au profit de la Communauté,
20 liv.

20 livres y compris le droit Royal, pour la Confrerie cent sols, pour chaque Juré trois livres, pour chacun des huit Anciens qui seront appellez alternativement chacun à leur tour, aux receptions trente sols, & vingt sols pour le Clerc de la Communauté, & que les fils de Maistres soit qu'ils soient nez avant ou depuis la Maistrise de leurs Peres soient receus Maistres sans faire aucune experience, en payant seulement par eux demi droit aux Jurez & aux Anciens, & pareillement que pendant six mois à compter du jour du present Arrest, tous Compagnons puissent se faire recevoir Maistres en payant le demi droit seulement. *Les Jurez éleus*, comme subrogez aux droits de Jurez en titre d'Offices qui ont été remboursez, feront leurs visites, suivant l'ancien usage, chez tous les Maîtres & Compagnons tenant des Jardins, faisant valoir des Marais, ou les tenant à loyer : *Pourquoi nous voulons* qu'il leur sera payé par an pour tous droits de visite par chaque Maître 10 sols, *& par chaque Compagnon* 20 *sols*, auxquelles sommes de leur consentement nous avons réduit & moderé les droits de visite attribuez aux Jurez en titre par notre Edit du mois de Mars 1691. & par les provisions à eux expediées ; en consequence duquel droit de visite il en appartiendra moitié aux Jurez pour leurs frais, & l'autre moitié employée aux affaires de la Communauté. A l'égard des visites qu'ils feront dans la Banlieue, il en sera usé en la maniere accoûtumée : Voulons que lesdits Jurez soient obligez de tenir la main à ce que les Arrests & Reglemens de Police qui contiennent

K

la prohibition du fumer de boues de Paris fraîches,
& de matieres fécales, les jardins & terres sur lesquelles
on fait venir des légumes soient observez ; & à *cette*
fin seront tenus deux fois l'année de faire les visites de
toutes les terre en marais & jardinages, qui seront
tenues par des Maîtres & Compagnons Jardiniers *dans*
les Fauxbourgs & Banlieuës de Paris, & de faire leur
rapport en la maniere accoûtumée de toutes les contraventions qu'ils trouveront aux Reglemens de Police
sur le fait du Jardinage. Faisons très-expresses deffenses à tous Maîtres de débaucher les Compagnons des
autres Maîtres ni de leur donner à travailler de leur
métier qu'auparavant ils ne soient allez chez le Maître
que le Compagnon a servi, pour sçavoir s'il est content du service dudit Compagnon, le tout suivant &
ainsi qu'il est porté audit Arrêt. Si donnons en mandement à nos amez & feaux Conseillers, les Gens
tenans nôtre Cour de Parlement à Paris, que ces présentes ils fassent registrer, & de leur contenu jouir
& user lesdits Exposans & leurs successeurs en ladite
Communauté pleinement, paisiblement & perpetuellement, cessant & faisant cesser tous troubles & empêchemens contraires : Car tel est nôtre plaisir ; & afin
que ce soit chose ferme & stable à toûjours, Nous
avons fait mettre nôtre scel à ces présentes. Donné à
Marly au mois de Juin, l'an de grace mil six cens
quatre-vingt dix-sept, & de notre regne le cinquante-
cinquiéme. Signé, LOUIS. Et plus bas, Par le Roy,
Phelypeaux. Et est encore écrit tout proche, Visa
Boucherat. Et à la marge est écrit : Ouy le Procu-

reur General du Roy , pour y jouïr par les Impetrans
de leur effet & contenu à être executées selon leur
forme & teneur, suivant l'Arrest de ce jour. A Paris
en Parlement le 14 Juin 1697. Signé, DU TILLET.

Extrait des Registres de Parlement.

VEU par la Cour les Lettres Patentes du Roy,
données à Marly au present mois de Juin 1697.
Signé LOUIS , & plus bas, par Roy , PHELYPEAUX,
& scellées du grand sceau de cire verte en lacs de soye,
obtenues par les Jurez , Corps & Communauté des
Maistres Jardiniers de Paris , par lesquelles pour les
causes y contenues, le Seigneur Roy , au moyen du
remboursement fait aux nommez Bellard & Totin,
des sommes contenues ès quittances de finance des
Offices de Jurez de ladite Communauté dont ils
étoient pourvûs , & aux nommez Boivinet & Chevalier, du prix porté par leurs contracts d'acquisition,
frais & loyaux cousts , & du tiers par eux avancé de
la finance des Offices d'Auditeurs-Examinateurs des
Comptes, interests & frais ; ensemble de ce qui leur
est deu de reste pour leurs anciens droits de visites,
auroit réuni & incorporé lesdits Offices de Jurez à
ladite Communauté des Maistres Jardiniers, & ordonné que lesdits Jurez nouvellement élûs ; & ceux
qui seront à l'avenir, exerceront lesdites Charges ,
en vertu des Commissions du Substitut du Procureur
General du Roy au Chastelet, ainsi qu'il se pratiquoit avant l'Edit du mois de Mars 1691. & qu'en

K ij

payant ce qui reſte dû de la ſomme de quatre mille
livres, à laquelle a eſté moderée la finance des Offices
d'Auditeurs-Examinateurs des Comptes, & des deux
ſols pour livre de ladite finance, leſdits Offices ſeront
pareillement réunis & incorporez à ladite Communauté ; ce faiſant, qu'elle jouira des quarante livres
de gages attribuez auſdits Offices, & du droit Royal,
à commencer du jour de l'Edit du mois de Mars 1694.
tel qu'il a été établi par celui du mois de Mars 1691.
Auroit auſſi ordonné le Seigneur Roi, que l'Etat &
Rolle de repartition de la ſomme de quinze mille
cinq cens livres, fait par leſdits Jurez, de l'advis de
ſix Anciens ſera executé ; pour eſtre leſdits deniers
employez à payer les dettes de ladite Communauté,
mentionnées auſdites Lettres. Veut en outre le Seigneur Roy, que les Statuts de lad. Communauté,
Lettres Patentes confirmatives des Arreſts & Reglemens rendus en conſequence, ſoient executez ſelon
leur forme & teneur, & ladite Communauté maintenue & gardée en tous les privileges & exemptions
à elle accordez de toute ancienneté, & ainſi que plus
au long le contiennent leſdites Lettres à la Cour
adreſſantes. Requeſte à fin d'enregiſtrement d'icelles
Concluſions du Procureur General du Roy. Ouy le
rapport de Maiſtre François Hennequin, Conſeiller:
Tout conſideré, LA COUR a ordonné & ordonne
que leſdites Lettres ſeront enregiſtrées au Greffe
d'icelle, pour jouir par les Impetrans de leur effet
& contenu, & eſtre executées ſelon leur forme &
tenur. Fait en Parlement le 12 Juin 1697. Collationné. Signé DU TILLET.

Extrait des Regiſtres du Conſeil d'Etat.

SUR la Requête préſentée au Roi en ſon Conſeil, par les Jurés & Communauté des Maîtres Jardiniers, de la Ville, *Bauxbourgs & Fanlieue de Paris*, contenant que Sa Majeſté ayant jugé à propos de créer par ſon Edit du mois de Février 1745, des Offices d'Inſpecteurs & Contrôleurs dans tous les Corps & Communautés des Marchands & Artiſans du Royaume, cette Communauté, pour marquer ſon empreſſement à ſubvenir de ſa part aux Charges de l'Etat, & déſirant profiter de la faculté accordée auſdits Corps par le même Edit, de réunir chacun en droit ſoi leſdits Offices, a cru qu'il convenoit de réiterer les offres que les Jurés d'icelle ont fait, en exécution d'une Déliberation du 9 Mai dernier : Que les Supplians étant autoriſés à faire des emprunts à conſtitution, juſqu'à la concurrence de dix mille livres, à laquelle la Finance deſdits Offices qui concernent leur Communauté ; a été fixée, ont cru que pour y parvenir & donner une ſûreté ſuffiſante à ceux qui leur prêteroient cette Finance, d'être payés exactement des arrérages des Rentes, il falloit ſupplier très-humblement Sa Majeſté de leur accorder de nouveaux droits, tant pour les affecter & hypotequer au payement des arrérages deſdites Rentes, que pour en rembourſer par la ſuite les capitaux à fur & à meſure qu'il reſtera des fonds provenans deſdits droits & autres, ſi le cas y

écheoit. A CES CAUSES, requeroient les Supplians,
attendu la Déliberation de leur Communauté du 9
Mai 1745, & le payement de la somme de trois mille
trois cens trente-trois livres six sols huit deniers par eux
fait par tiers, à compte de celle de 10000 liv. suivant
leur soumission, le tout ci-joint, il plût à Sa Majesté,
en exécution de l'Edit du mois de Février 1745, les
autoriser à faire emprunt de la somme de dix mille
livres, à laquelle Sa Majesté a fixé, à leur égard, la
Finance desdits Offices, & que lesdits Jurés en charge
ont fait leur soumission de payer dans les mois de Juin,
d'Octobre & Décembre par tiers, au moyen de laquelle soumission & du premier payement fait & des
deux autres qu'ils s'obligent de faire dans les termes
y portés, ès mains du Tresorier des revenus casuels,
réunir & incorporer à leur Communauté lesd. Offices d'Inspecteurs & Contrôleurs, créés par le même
Edit ; subroger lesdits Jurés & ceux qui les succede-
ront, comme stipulant les intérêts de leur Communauté dans tous les droits & émolumens attachés ausdits Offices, & entr'autres aux gages actuels & effectifs
par chacun an de cinq cens livres, sans retenue du Dixieme, dont Sa Majesté a dispensé ladite Partie ; &
attendu la présente soumission, faire également remise
des deux sols pour livre de la Finance desdits Offices,
dont la perception avoit été ordonnée par le même
Edit ; & comme par le rôle arrêté au Conseil, chaque
Maître est obligé de payer vingt sols par chacun an,
& qu'il est d'usage dans cette Communauté de faire
payer double droit de visite aux Compagnons d'icelle

qui exercent indûement cette Profeſſion , ſans être
Maîtres dud. métier ; ordonner que les Maîtres paye-
ront 20 ſ. dudit droit ſeulement, & *leſdits Compagnons
quarante ſols par chacun an* aux Jurés de cette Communauté ; au payement duquel droit , les Maîtres &
leſdits Compagnons ſeront contraints , en vertu du
préſent Arrêt, & ſans qu'à cet effet il ſoit beſoin d'aſſi-
gnation ni de Sentence de condamnation : ordonner
que ces nouveaux droits & autres ſeront pareillement
affectés au payement des arrérages des rentes qui pro-
viendront dudit emprunt , & même employés au rembourſement des capitaux , à fur & à meſure qu'il y
aura des fonds ; & que ceux qui prêteront ladite ſomme de dix mille livres ou partie d'icelle, ayent pareil-
ment privilege ſpécial ſur les gages attribués auſdits
Offices, en outre que les arrérages des rentes de ceux
des Maîtres qui auront prêté à ladite Communauté ,
ne pourront être ſaiſis ni arrêtés , ſous prétexte de la
reviſion de leurs comptes , dérogeant en tant que beſoin à l'Arrêt du Conſeil du 28 Mars 1730. Vû ladite
Requête ſignée des Supplians, enſemble la Déliberation de leur Communauté du 9 Mai 1745 ; le réce-
piſſé collationné du Treſorier des revenus caſuels du
22 Juin 1745 , & celui du ſieur Huguenin du 30 du
même mois , tous deux juſtificatifs du premier payement par eux fait, comme dit eſt , par tiers : Ouï le
Rapport du ſieur Orry, Conſeiller d'Etat ordinaire &
au Conſeil Royal , Contrôleur Général des Finances.
LE ROI EN SON CONSEIL, a agréé & reçu la ſou-
miſſion faite par les Maîtres Jardiniers de la Ville &

Fauxbourgs de Paris, de payer la somme de dix mille livres pour la réunion desdits Offices créés dans leur Communauté par l'Edit du mois de Février 1745 ; en conséquence, a ordonné & ordonne qu'en payant entre les mains du Tresorier des revenus casuels, dans les termes énoncés dans ladite soumission, les deux tiers qui leur restent à payer de ladite somme de dix mille livres, lesdits Offices d'Inspecteurs & Contrôleurs des Jurés, seront & demeureront réunis à ladite Communauté, pour par elle jouir des gages, droits & prérogatives attachés ausdits Offices, dont les fonctions seront exercées par les Jurés successivement en charge, sans qu'elle soit tenue de payer les deux sols pour livre de ladite somme, dont Sa Majesté lui a fait don & remise, & pour faciliter à ladite Communauté le payement entier de la Finance desdits Offices, a, Sa Majesté, autorisé & autorise les emprunts par elle faits ; lui permet de les continuer jusqu'à la concurrence de ladite somme de dix mille livres ; d'affecter & hypothequer, au profit de ceux qui prêteront leurs deniers, les gages & droits attribués ausdits Offices, ensemble ses autres biens & revenus, & de passer à cet effet tous Contrats de constitution nécessaires ; & pour mettre ladite Communauté en état de se liberer & de rembourser par la suite les sommes qu'elle aura empruntées, ordonne, Sa Majesté, qu'il sera perçu par les Jurés, au profit de la Communauté, *sur chaque Maître, vingt sols par an pour le droit de* visite ordonné par l'Edit du mois de Février dernier, *& quarante sols sur chacun des Compagnons*, qui, sans
être

être Maîtres, exercent & font la profeffion de Jardiniers, au payement defquels droits, les uns & les autres feront contraints, en vertu du préfent Arrêt, fans
qu'il foit befoin d'affignation ni de Sentence de condamnation ; feront lefdits nouveaux droits, pareillement affectés & hypothequés au payement des rentes
créées pour raifon de l'emprunt defdits dix mille livres même employés au remboursement de portion de
principaux, à mefure qu'il y aura des fonds ; à l'effet
de quoi, les Jurés fucceffivement en charge, feront
tenus d'en compter tous les fix mois. Veut, Sa Majefté, que les arrérages des rentes de ceux des Maîtres
qui auront prêté à leur Communauté, ne puiffent être
faifis & arrêtés, ni le remboursement du fond fufpen-
du, fous prétexte de la revifion de leurs comptes de
Jurande ; dérogeant en tant que befoin, & pour ce
regard feulement à l'Arrêt du Confeil du 28 Mars
1730. FAIT au Confeil d'Etat du Roi, tenu au Camp
de Meliffe, le vingt-unieme jour du mois d'Août mil
fept cens quarante-cinq. Collationné.

   Signé, DE VOUGNY, *avec paraphe.*

*Le préfent Arrêt a été obtenu à la diligence & du tems
des Sieurs Pierre de Launay, Louis Dovené, Nicolas
Brochet & Pierre de Semet, Jurés en Charge de cette
Communauté.*

*Collationné à l'Original par Nous, Ecuyer,
Confeiller Secretaire du Roi, Maifon, Couronne de France & de fes Finances.*

         L

Extrait des Regiſtres du Conſeil d'Etat.

SUR la Requète préſentée au Roi, en ſon Conſeil, par les Jurés en Charge, les anciens Jurés
de la Communauté des Maîtres Jardiniers de Paris,
contenant qu'ils ſont informés que l'intention du Bu-
reau de la Reviſion ſeroit, que les Jurés exigeaſſent à
l'avenir deux Droits; l'un appellé Royal, créé par
Edit du mois de Mars 1691. qui n'a jamais été perçu,
dont les Supplians ne ſçavoient pas même la quotité,
& dont ils ne connoiſſent que depuis peu l'origine,
& l'autre créé par Edit du mois de Février 1745, outre le droit de réception, appellé droit d'ouverture
de boutique, ou d'exercice de profeſſion; mais qui
dep i ſa création n'a pas été exigé, parce que tout le
monde eſt admis à faire la profeſſion des Jardiniers,
ſuivant un Arrêt du Conſeil d'Etat du 17 Juin 1698.
Les Supplians n'ont jamais perçu par chaque Compagnon que cinq livres de droit ancien, à quoi depuis
1745. ils ont ajouté ſix livres de droit de réception
porté par l'Edit du mois de Février 1745, ce qui fait
en tout onze livres par chaque Compagnon, & huit
livres dix ſols pour les fils de Maîtres, qui ne payent
que la moitié du droit ancien; les prérogatives des
Maîtres ſont très-peu de choſe, & ſi l'on ſurcharge
leur réception du moindre droit on n'en recevra plus.
Le cas même eſt arrivé en 1696 & 1697 : & depuis

la Communauté a été obligée de recevoir des Maîtres *gratis*, & d'autres pour moitié des droits, afin d'être en état de soutenir leur Communauté, & de ne la pas laisser éteindre entierement. Les Compagnons qui se font recevoir Maîtres, sont si peu en état de payer d'autres droits, que ceux de coutume, que la Communauté elle-même supplia le Roi en 1697. de moderer le droit de visite à dix sols au lieu de 20 sols qui avoient été établis par l'Edit du mois de Mars 1691 : ce que Sa Majesté a bien voulu accorder à ladite Communauté par un Arrêt de son Conseil d'Etat du 30 Avril 1697. Au surplus la Communauté quoique peu riche n'est pas oberée; il paroît inutile de la surcharger : A CES CAUSES, requeroient les Supplians qu'il plût à Sa Majesté décharger les Jurés en charge, & les anciens Jurés des forcemens de recette, si aucun y a, à cause des obmissions de recette des sommes portées par les Edits des mois de Mars 1691. & Février 1745. & fixer à l'avenir, comme elle l'a été par le passé, la réception des Compagnons à la Maîtrise à la somme de onze livres, & celle des fils de Maîtres à la somme de 8 liv. 10 s. Vû lad. Requête signée Seriny, Avocat des Supplians, & les pieces y énoncées. Oui le Rapport du Sieur Moreau de Sechelles, Conseiller d'Etat ordinaire au Conseil Royal, Contrôleur Général des Finances. Le Roi en son Conseil ayant égard à ladite Requête a déchargé & décharge, tant les Jurés actuellement en charge dans la Communauté des Jardiniers à Paris, que leurs prédécesseurs, des forcemens de recette, qui auroient été ou qui pourroient être faits lors de la Révision de leurs comptes de Jurande, soit au sujet du droit Royal établi sur chaque réception de Maître par l'Edit du mois de Mars 1691. réuni à ladite Communauté; soit au sujet du droit d'ouverture de boutique & d'exercice de profession, attribué aux Offices d'Inspecteurs & Contrôleurs créés par l'Edit du mois de Février 1745, & pareillement réuni à ladite Communauté : en conséquence a ordonné & ordonne, que tant pour le passé que pour l'avenir, tous les droits de réception à la Maîtrise appartenans à la Communauté, seront fixés; sçavoir, ceux de la Réception d'un Compagnon à la somme de onze livres, & ceux de la Réception d'un Fils de Maître à celle de huit livres dix sols. Fait au Conseil d'Etat du Roi tenu à Versailles le dix-sept Septembre mil sept cens cinquante-cinq. *Signé*, DE VOUGNY. Collationné.

Extrait des Regiſtres du Conſeil d'Etat.

SU R la Requête préſentée au Roi en ſon Conſeil, par les jurés Jardiniers de la Ville, Fauxbourgs & Banlieue de Paris. Contenant que le nommé Pierre Hivert, Compagnon Jardinier & faiſant la profeſſion du jardinage tous les jours de la ſemaine indiſtinctement, s'étant pourvu au Parlement de Paris, contre une Sentence de la Police du 9 Août 1748, qui le condamne à payer les droits de viſite par lui dûs à la Communauté des Jardiniers, cette Cour a rendu un Arrêt le 9 Juillet 1749, par lequel non-ſeulement elle a déchargé ledit Hivert des condamnations contre lui prononcées au ſujet des droits de viſite, mais même ſans aucune demande contr'eux formée de la part dudit Hivert, l'a reçu oppoſant aux cottes & impoſitions faites de ſa perſonne par leſdits Jurés aux rôles de la capitation & dixieme d'induſtrie des années 1747, 1748 & de la préſente année, l'a déchargé deſdites impoſitions, & condamne les ſupplians perſonnellement & ſolidairement à rendre & reſtituer audit Hivert toutes les ſommes qu'il juſtifiera avoir payé tant pour leſdits droits, que frais & dépens, y compris l'année 1749, & en des dommages & intérêts à fournir par état, & aux dépens des cauſes principales & d'appel; & comme la connoiſſance de ces ſortes de matiere eſt interdite au Parlement, les rolles de capitation & dixieme d'induſtrie étant arrêtés par le Lieutenant Général de Police comme Commiſſaire du Conſeil en

cette partie, contre lesquels on ne peut se pourvoir
qu'au Conseil, & que d'ailleurs, si cet Arrêt avoit son
exécution, ce seroit une dangereuse conséquence pour
la Communauté; la majeure partie de ceux qui la com-
posent n'étant comme ledit Hivert que Compagnons
Jardiniers, lesquels de tous tems ont esté imposés auxdits rôles de capitation & dixieme d'industrie, au surplus il ne seroit pas juste que les suplians restituent à
Hivert des sommes dont ils ont rendu compte comme
chargés du recouvrement de la capitation & dixieme
d'industrie de leur Communauté, & qui sont entrées
dans les coffres du Roi: A ces causes, requeroient les
Supplians qu'il plût à Sa Majesté, casser & annuller
l'Arrêt du Parlement de Paris du 9 Juin dernier 1749,
à eux signifié le 14, & tout ce qui s'en est ensuivi &
pourroit s'en ensuivre, en conséquence ordonner que
la Sentence de Police du 9 Août 1748, & les rôles
de capitation & d'industrie de la Communauté en ce
qui concerne les impositions dudit Hivert, seront exécutées selon leur forme & teneur tant pour le passé
que pour l'avenir, le condamner à la restitution des
sommes qu'il pourroit avoir exigées en vertu dudit
Arrêt du Parlement, & aux dépens des Suplians tant
au Parlement qu'au Châtelet, en la Chambre de Police, & au coût de l'Arrêt qui interviendra. Vû ladite Requête signé Seriny, Avocat des Suplians, & la
copie signifiée dudit Arrêt du Parlement du 9 Juin
dernier. Oüi le raport du sieur de Machault, Conseiller ordinaire au Conseil Royal, Contrôleur Général
des Finances. Sa MAJESTÉ en son Conseil, sans

s'arrêter à l'Arrêt du Parlement de Paris du 9 Juin 1749, qu'elle a caffé & annullé, ainfi que tout ce qui peut s'en être enfuivi, a ordonné & ordonne que la Sentence de la Chambre de Police du 9 Août 1748, enfemble les rôles de la capitation & du dixieme de l'induftrie de la Communauté des Maîtres Jardiniers de ladite Ville & Fauxbourgs de Paris, arrêtés pour les années 1747, 1748 & 1749, par le fieur Lieutenant Général de Police, Commiffaire du Confeil en cette partie, feront exécutés felon leur forme & teneur; en conféquence condamne Pierre Hivert, Compagnon Jardinier, à la reftitutions des fommes qu'il pourroit avoir reçus en vertu dudit Arrêt du Parlement du 9 Juin 1749, le condamne en outre au couft & levée du préfent Arrêt, qui fera exécuté nonobftant toutes oppofitions ou autres empêchemens quelconques, pour lefquels ne fera différé. Fait au Confeil d'Etat du Roi tenu à Fontainebleau, le huitieme jour du mois d'Octobre 1749. Collationné. Signé de Vougny, pour Mr. Eynard.

A TOUS CEUX QUI CES PRESENTES Lettres verront; Guillaume-François Joly, Chevalier, Seigneur de Fleury & autres lieux, Confeiller du Roi en tous fes Confeils, fon Procureur Général au Parlement, & Garde de la Ville, Prévôté & Vicomté de Paris; SALUT, Sçavoir faifons, que fur la Requête faite en Jugement devant Nous en a Chambre de Police du Châtelet de Paris, par Mr. Jean-Baptifte Troquet, Procureur des Jurez de la

Communauté des Maîtres Jardiniers à Paris, Demandeur suivant le Procés-Verbal du Commiſſaire Dupleſſis, du 25 Avril dernier, & aux fins de leur Exploit fait par Martin, Huiſſier, le 31 Mai dernier, controllé par Thevenot ; contre le nommé Paiſan le jeune, Compagnon Jardinier, Robert Durſoy, auſſi Compagnon Jardinier & ſa femme, Leger Maleſſart & ſa femme, Nicolas Preault, Simon Bardou & ſa femme, Gerard Andelle & ſa femme, Claude Regnard & ſa femme, Hubert Cottin & ſa femme, Jacques Briere & ſa femme, la veuve Etienne Ruelle, Jean Colignon & ſa femme, Jacques Dubois & ſa femme, & Pierre Boucher & ſa femme, tous Jardiniers de la Banlieuë de Paris, Défendeurs ; & par vertu du *défaut de Nous donné contre leſdits Défendeurs non comparans*, duement appellez : Nous diſons que les Arrêts du Conſeil, Sentences & Reglemens de Police, ſeront exécutez : ce faiſant, avons fait défenſes aux Compagnons Jardiniers & Gens de la Banlieuë de Paris & autres, lorſqu'ils apporteront leurs legumes & herbages à la Halle pour les y vendre & debiter, de ſe mettre aux Places deſtinées pour les Maîtres, dans les rues qui ſont à commencer depuis la porte de la Halle au bled qui a ſon iſſue au Marché aux Poirées, juſqu'à la rue ſaint Honoré ; ſauf aux Compagnons Jardiniers à ſe mettre enſuite des Maîtres dans les rues adjacentes : Et à l'égard des Gens de la Banlieuë & autres, ſeront tenus de ſe mettre dans les endroits & places qui leur ſeront indiquées par le Commiſſaire Dupleſſis, lequel ſe transportera à cet effet ſur le lieu, aſſiſté des Jurez &

Officiers

Officiers de Police, pour leur marquer les endroits
deſtinez : Et en cas de contravention par les Compagnons Jardiniers, Gens de la Banlieuë & autres, les
condamnons pour la premiere fois en vingt livres
d'amende, & en cas de récidive, en cent livres
d'amende pour chacun : Et ſera notre préſente Sentence lue, publiée & affichée où beſoin ſera ; ce qui
ſera exécuté nonobſtant & ſans préjudice de l'appel,
& ſoit ſignifié : En témoin de ce, Nous avons fait
ſceller ces préſentes. Ce fut fait & donné par Meſſire
GABRIEL TASCHEREAU, Chevalier Seigneur
de Baudry & autres lieux, Conſeiller du Roi en ſes
Conſeils, Lieutenant Général de Police, tenant le
Siege le ſixieme Juin mil ſept cens vingt-un.

Signé TASCHEREAU DE BAUDRY.

TARDIVEAU, *Greffier.*

*Cette Sentence ci-deſſus a été lûe & publiée à haute &
intelligible voix, à ſon de Trompe & cri public, en tous
les lieux ordinaires & accoutumez, par moi Jean le
Moyne, Huiſſier au Châtelet de Paris, & commis à
l'exercice de Juré Crieur de la Ville, Prévôté & Vicomté
de Paris, y demeurant rue de la Tixeranderie, accompagné de Louis Ambezar, Nicolas Ambezar, & Claude
Craponne, Jurez Trompettes, le 5 Juillet 1721, à ce
que perſonne n'en prétende cauſe d'igorance, & affichée
ledit jour eſdits lieux.*

Signé LE MOYNE.
M

A TOUS CEUX QUI CES PRESENTES
Lettres verront : Gabriel-Jerôme de Bullion ,
Chevalier Comte d'Efclimont Prevôt de Paris : Salut , fçavoir faifons , que fur la Requête faite en jugement devant nous à l'Audience de la Chambre de
Police du Châtelet de Paris , par Mᵉ Chriftophe Delaplace , Procureur du fieur Pierre Delaunay Maître
Jardinier à Paris , Ancien Juré de fa Communauté ,
Demandeur complaignant fuivant la Plainte par lui
rendue à Mᵉ de Courcy Commiffaire le vingt-deux
Juillet mil fept cent quarante-cinq , Ordonnance étant
au bas duement fcellé & exploit fait en conféquence
le trente dudit mois , par Derevelle , Huiffier à Verge
en cette Cour Deffendeur à celui du vingt-neuf dudit
mois , & demandeur concluant fuivant fes écritures
du 5 Août en fuivant oppofant à l'exécution de la
Sentence par défaut du 3 Septembre auffi en fuivant ,
aux fins de fa Requête , verballe du feize dudit mois
de Septembre , & encore Demandeurs aux fins de
celle du dix-fept du même mois & encore ledit Mᵉ
Delaplace , Procureur des fieurs Jurez de préfent en
Charge de la Communauté defdits Mᵉ Jardiniers Fleu-
rifte de la Ville Fauxbourgs & Banlieue de Paris ,
Deffendeur à la Requête verballe d'intervention du
dix-fept Août 1745 , oppofant à l'exécution de la
Sentence dudit jour trois Septembre en fuivant , aux
fins de leur Requête verballe d'oppofition du feize du
même mois & incidament Demandeur fuivant leurs
écritures du douze Octobre enfuivant fignifiée par

Barranque Huissier Audiencier tendant entre autre
chose à ce que les Reglemens de Police soient exécutées, en conséquence lesdits Maître Jardiniers, gardés & maintenus dans la possession & jouissance où
ils sont de vendre leurs légumes & denrées de Jardinages, dans les lieux cy-après designées & les cy-
après nommés comme gens de la Banlieue tenus de
quitter les places de Maîtres qu'ils occupent à la Halle
aux Poirées, depuis les portes de la Halle au bled qui
sont issue au Marché des Poirées jusqu'à la rue Saint
Honoré, & rues adjacentes, & nottament rue de la
Lingerie, & de se retirer dans la rue de la Potterie
dite de la Savaterie qui leur a été indiqué par le Commissaire Duplessis, suivant son Procès-verbal du 11
Juin mil sept cent vingt-trois, en exécution de la Sentence de reglement du six Juin 1721, sinon permis
de les en faire expulser en la maniere accoutumée, &
à ce que deffenses leurs soient faites de plus à l'avenir
lorsqu'il apporteront leurs legumes herbages & den-
rée de Jardinages à la Halle pour les y vendre & débiter, se mettre aux places destinés pour les Maîtres
Jardiniers. Et autres fins y contenus avec amende &
dépens.

CONTRE Mᵉ Olivier Procureur d'Antoinette Orry,
femme de Jean des Barres, & dudit des Barres son
mari, Jardinier à la Villette aussi demandeurs complaignant suivant leur plainte rendue audit Mᵉ de
Courcy Commissaire le vingt-deux dudit mois de
Juillet, & exploit fait en conséquence le vingt-neuf
du même mois, & encore ledit Mᵉ Olivier jeune,

M ij

Procureur des sieurs Guillaume Mulot, Jean Barrez,
Michel Auvry, Jean Bonnet, Nicolas Langlois,
Toussaint Avril, Pierre Boucot, Olivier Gazet, Phil-
bert Langlois, Denis Vilain, Nicolas-Claude le Long,
Denis Thion, & Françoise Henriette, Jacques Mullot
& Consors, tous Jardiniers & Harbitans des Paroisses
de la Chapelle de la Villette & autres Paroisses situées
dans la Banlieue de Paris Demandeurs aux fins de
leur Requête verballe d'intervention dudit jour dix-
sept Août mil sept cent quarante-cinq, & en exécution de la Sentence du 3 Septembre ensuivant &
Deffendeurs, Parties ouies, NOUS, après qu'il en
a été déliberé sur les piéces & dossiers des Parties :
faisant droit sur les demandes & contestations de
Pierre de l'Aunay l'une des Parties de Delaplace,
d'Antoinette Auvry, femme de Jean des Barres l'une
des Parties d'Olivier le jeune, avons mis lesdites Parties hors de Cour, dépens entr'elles compensez ; sur
les demandes & contestations des Jurez en Corps de
la Communauté des Maîtres Jardiniers autres Parties
de Delaplace les recevons opposans à notre Sentence
du trois Septembre mil sept cent quarante-cinq, au
principal sans s'arrêter à l'intervention & demande
de Mulot & Consorts, tous Jardiniers de la Banlieue,
ni à la tierce opposition par eux formées aux Sentences par nous rendus sur le fait dont est question dont
nous les avons deboutées. Maintenons & gardons
lesdites Parties de Delaplace dans la possession & jouissance où elles sont de vendre leurs légumes & den-
rée de Jardinage dans la Halle aux Poirées, depuis

la porte de la Halle au Bled qui a son issue au
Marché aux Poirés jusqu'à la rue Saint Honoré &
rue adjacente sans pouvoir être entremêlée de Compagnons Jardiniers & gens de la Banlieue, faisons
deffenses auxdits Mulot & Consorts, & autres gens
de la Banlieue Parties d'Olivier le jeune, de se mettre
aux places destinées pour les Maîtres, & notamment
rue de la Lingerie : Disons qu'ils seront tenus de se
retirer dans la rue de la Potterie, autrement dire de la
Savaterie, qui leur a été indiqué par le Commissaire du
quartier de la Halle, en exécution de notre Sentence
du six Juin mil sept cent vingt-un, laquelle sera exécutée selon sa forme & teneur, ainsi que celle rendue
en pareilles cas, sinon permis de les expulser en la
maniere ordinaire ; condamnons lesdittes Parties d'O-
livier aux dépens : Disons que la présente Sentence
sera imprimée & affichée par tout où besoin sera à
leurs frais, ce qui sera exécuté, nonobstant & sans
préjudice de l'appel. En temoin de ce, nous avons
fait sceller ces Présentes, qui furent faites, & données par Messire CLAUDE-HENRY FAYDEAU DE
MARVILLE, Chevalier Comte de Gient, Conseillier
du Roi en ses Conseils, Maître des Requêtes ordinaire de son Hôtel, Lieutenant Général de Police
de la Ville, Prevosté & Vicomté de Paris, y tenant
le Siége le Vendredy deux Septembre mil sept cent
quarante-six, collationné signé Menard & de Beauvais & scellé le sept dudit mois de Septembre,
signé Sauvage.

A TOUS CEUX QUI CES PRESENTES Lettres verront, Gabriel Jerome de Bullion, Chevalier, Comte d'Efclimont, Prevôt de Paris: SALUT, fçavoir faifons : Que fous la Requête faite en Jugement devant Nous, à l'Audience de la Chambre de Police du Châtelet de Paris, par Mᵉ Chriftophe de la Place, Procureur des Jurez de préfent en Charge de la Communauté des Maîtres Jardiers Fleuriftes de la Ville, Fauxbourgs & Banlieue de Paris, Demandeurs en exécution des Statuts, Arrêts du Confeil d'Etat de Sa Majefté, Lettres Patentes expédiées en en conféquence, en date des trente Avril 1697, & 17 Juin 1698. concernant la Communauté defdits Maîtres Jardiniers, & en noramment exécution des deux Sentences rendues en forme de Réglement les 6 Juin 1721, & 2 Septembre 1746, & de leur Procès-verbal de contravention du 25 Novembre dernier, fait par Baudrain, Huiffier à Cheval en cette Cour, duement recordé de témoins, & controllé le 28 dudit mois, & aux fins de la Requête à Nous préfenté le 5 Décembre enfuivant, Ordonnance étant au bas, portant permiffion d'affigner au premier jour, & exploit fait en conféquence le 29 dudit mois par ledit Baudrain, controllé le 31. & préfenté au Greffe le 11 Avril dernier par Fauvel aux fins y contenus, avec dommages, intérêts, amendes, dépens, & demandeurs concluant, fuivant leurs Ecritures des 22 Janvier 1747 & 23 Mars dernier, & défendeurs à la Requête verbale d'intervention du fix dudit mois de

Mars, Demandeurs suivant leurs Ecritures du 11
Avril aussi dernier : Contre Me Cottereau, Procureur
de Pierre Langlois, Jardinier de Campagne ; Denys
Thion, aussi Jardinier de Campagne, demeurans tous
les deux au Village de la Villette, Défendeurs &
concluant, suivant leurs Ecritures dudit jour 11 Janvier dernier. Me Pinson l'aîné, Procureur d'Antoine
Bordier & sa femme aussi Jardinier de Campagne,
demeurans au Village de Belleville, Défendeurs &
Demandeurs, concluant suivant leurs Ecritures des
6, 24 Mars & 21 Avril denier : & Me Traveau, Procureur de Jean Boudin, Ambroise Cottin, François
Daube, Toussaint Gardier, Jean-Baptiste Poisson,
Denys Vassou, Simon Bardou, Louis Couteux, le
nommé Faucheur, autre Nicolas Faucheur, Pierre
Mallefart, Pierre Milsent, Antoine Bordier, Denys
Aurent, Denys Vassou, Alexandre Giroux, Jean-
Pierre Colemen, Nicolas Robinot, Jean-Baptiste
Mathias Doiret, Antoine Cottin, Claude Mallefart,
les nommés Savart, Jobert, autre Antoine Cottin,
François Vitry, Jean-Baptiste d'Amour, Simon Cou-
teux, Jacques Lautru, Etienne Gregis, le nommé
Bordier, Julien Boudin, Simon-Antoine Bezard,
Jean-Pierre Renou, Denys Houdart, Pierre Renault,
Nicolas Benard fils, Simon Chaudron, Louis Bardon,
Nicolas Latizeau, Nicolas Chailly, Simon Poisson,
le nommé Bardou, Jacques Renon, le nommé Per-
rier, Jean-Antoine Auroy, Laurent Toulouse, la
veuve Rennes, autre Antoine Bordier, Claude Bordier, Florent Rousseau, Augustin Rousseau, Philip-

pés Bordier, Jean Roufleau, Claude Bazard, Pierre
Bardou, François Bardou, Claude Barodin, Simon
Roffinot & autre Jean Boudin : le tout au nombre de
foixante, tous Jardinier de Campagne, Vignerons
& Habitans de Belleville; & fe difant auffi faire la
plus faine & meilleure partie des Habitans dudit lieu,
Demandeurs, Intervenans, fuivant leur Requête verbale dudit jour 10 Mars 1747: Défendeurs à la demande incidente portée par les Ecritures du 11 Avril
enfuivant & Demandeurs, concluant, fuivant leurs
Ecritures du 21 dudit mois; Parties ouies, NOUS,
après qu'il en a été délibéré fur les piéces & doffiers
des Parties, fans s'arrêter à l'invention des Parties de
Traveau, ni à leurs demandes dans lefquelles Nous
les avons declarés non-recevables, ordonnons que les
Statuts de la Communauté des Maîtres Jardiners Fleuriftes, les Arrêts du Confeil des 30 Avril 1697, &
17 Juin 1698, enfemble les Sentences par Nous
rendues, notamment celles en forme de Réglement
des 6 Juin 1721, & 2 Septembre 1746. feront exécutées felon leur forme & teneur; & attendu la contravention à icelles commifes par les Parties de Cottereau & de Pinfon, L. s'étant placées rue de la Lingerie, lieu deftiné aux Maîtres pour vendre leurs Légumes, les condamnons chacun en vingt livres d'amende; leur faifons itératives défenfes de fe placer, &
leur ordonnons de fe retirer rue de la Potterie, dite
de la Savaterie, qui leur a été défignée pour vendre
leurs Légumes, & où ils continueroient de fe placer
avec les Maîtres, permettons audits Jurés de les ex-
pulfer,

pulſer & de ſe faire aſſiſter à cet effet du Commiſſaire du
Quartier des Halles & d'Huiſſiers ; ſur le ſurplus des
demandes, avons mis les Parties hors de Cours, condamnons leſdites Parties de Cottereau, de Pinſon &
de Traveau aux dépens. Et ſera la préſente Sentence
imprimée & affichée à leurs frais par-tout où beſoin
ſera, & exécutée nonobſtant & ſans préjudice de
l'Appel, & ſoit ſignifiée : En témoin de ce, Nous
avons fait ſceller ces Préſentes. Ce fut fait & donné
par Meſſire NICOLAS-RENÉ BERRYER, Chevalier, Conſeiller du Roy en ſes Conſeils, Maître des
Requêtes ordinaire de ſon Hôtel, Lieutenant-Général de Police au Châtelet de Paris, tenant le Siége le
Vendredy huit Mars 1748, collationné, ſigné, Lambert, & ſcellé le onze, ſigné, Sauvage.

A Tous ceux qui préſentes Lettres verront ; Gabriel-
Jerôme de Bullion, Chevalier Comte d'Eſclimont, Seigneur de Wideville & autres lieux, Maré-
chal des Camps & Armées du Roi, ſon Conſeiller en
ſes Conſeils, Prevôt de Paris, SALUT, Sçavoir faiſons,
que ſur la Requête faite en Jugement devant Nous à
l'Audience de la Chambre de Police du Châtelet de Paris,
par Me. Chriſtophe Delaplace, Procureur des Jurés en
charge de la Communauté des Maîtres Jardiniers Fleuri-
ſtes de la Ville, Fauxbourgs & Banlieuë de Paris, Demandeurs en exéoution des Statuts, Arrêts, Sentences &
Reglemens de Police, ſuivant leur requête préſentée à
Monſieur le Lieutenant Général de Police, le 14 Février
1750, & Ordonnance étant au bas, dudit jour, duement

N

scellée par Berthet, portant permiſſion de ſaiſir les
contrevenans aux Sentences & Réglemens de Police,
concernant la Communauté deſdits Maîtres Jardiniers,
qui leur fait défenſes de paſſer avec leurs voitures, chevaux & harnois, par les rues aux Fers & de la Lingerie, &
aux fins de leur procès-verbal de contravention, fait
par Me. Regnaudet, Commiſſaire, le 22 Août audit an
1750; & de celui fait par Baudrain, Huiſſier à cheval
en cette Cour, préſent témoins, ledit jour 22 Août
de la même année, défendeurs à la requête préſentée à
Monſieur le Lieutenant Général de Police le même
jour; & Exploit fait en conſéquence de ſon Ordonnance ledit jour, duement préſenté cejourd'hui au
Greffe par Bellot; & encore Demandeurs aux fins de
leur Requête verbale, ſignifiée le 2 Septembre ſuivant, tendante aux fins y contenus, avec dépens,
dommages, intérêts & amende; Défendeurs à la demande incidente, portée par les Ecritures, ſignifiées
le 4 du même mois; & encore défendeurs à la requête
verbale, ſignifiée le 7 du même mois, le tout aux
fins y contenues; & encore Demandeurs aux fins de
leurs deux Procès-verbaux de contravention du même jour 14 Novembre audit an 1750, faits par ledit
Baudrain, & de celui fait ledit jour par ledit Me. Regnaudet Commiſſaire, Défendeurs à la requête préſentée à Monſieur le Lieutenant Général de Police ledit
jour; Ordonnance étant au bas, & exploit fait en conſéquence le même jour par Robert, Huiſſier à verge,
préſenté le 5 Février 1751 par Trahan, aux faits y
contenues; Défendeurs à la requête verbale, ſignifiée

le 24 dudit mois de Novembre ; & encore défendeurs
à celle d'intervention signifiée le 15 Décembre, suivant ; & incidemment Demandeurs aux fins de leurs
Ecritures, signifiées le même jour 17 dudit mois de
Décembre, aux fins y contenues avec dépens, dommages, intérêts & amendes. Contre Me. Regnard, Procureur de Claude Sivot; Laboureur, demeurant à Aubervilliers, défendeur & demandeur ; & encore contre Me.
Semillard l'aîné, Procureur d'André Lebouc, & de Marie
Demars, veuve de Laurent Poisson, tous deux Jardiniers de Campagne, demeurans à Aubervilliers, défendeurs & demandeurs aux fins de leur requête dudit jour
14 Novembre 1750, & de l'exploit du même jour, &
de leur requête verbale dudit jour 24 Novembre : &
contre Me. le Fevre, Procureur de Paul Demars, Procureur Syndic de la Paroisse d'Aubervilliers, Claude Demars, ancien Marguillier, Simon Bonneau, Marguillier en charge, Guillaume Liuvry, Jean Didier, Pierre Bonneau Marguillier de l'Œuvre, Paul Cheneviere,
Jean Cheneviere, Louis Cocquerelle, Jean Maiziere
l'aîné, Nicolas Lemoine, Pierre Cocqueret, & Pierre
Dailly, le tout au nombre de treize, tous Habitans
dudit Aubervilliers, demandeurs intervenans, suivant
leur requête verbale dudit jour 15 Décembre 1750,
aux fins y contenues avec dépens, Parties ouies, sans
que les qualités puissent nuire ni préjudicier : NOUS,
après en avoir délibéré, ensemble noble Homme
Monsieur Me MOREAU, premier Avocat du Roi en ses
Conclusions, sur les pieces & dossiers des Parties : disons que les Statuts, Sentences, & Reglemens de Po-

lice feront exécutés felon leur forme & teneur : En conféquence, fans avoir égard aux interventions des Parties de le Fevre, dans lefquelles Nous les déclarons non-recevables : Déclarons bonnes & valables les faifaifies faites fur les Parties de Semillard & Regnard : Difons cependant, que par grace, & fans tirer à conféquence, leurs voitures & équipages leur feront rendus : Leur faifons défenfes de récidiver, & a eux ainfi qu'à tous autres Jardiniers de la Campagne, de paffer avec leurs voitures, chevaux & bêtes afines par les rues aux Fer & de la Lingerie, lorfque les Parties de Delaplace y feront étalées le matin pour y faire leur commerce, fous telles peines qu'il appartiendra. Difons que notre préfente Sentence fera imprimée, lue, publiée & affichée aux frais & dépens des Parties de le Fevre, Semillard & Regnard, que nous condamnons folidairement aux dépens, envers les parties de Delaplace, lefdits dépens entr'elles compenfés, ce qui fera exécuté nonobftant & fans préjudice de l'appel. En témoin de ce, Nous avons fait fceller ces préfentes. Faites & donneés par Meffire Nicolas-René BERRYER, Chevalier, Confeiller d'Etat, Lieutenant Général de Police audit Châtelet, tenant le Siege le Vendredi 7 Juillet 1752. Collationné, Menard. Sigré, Lambert; & fcellé, Sauvage.

La Sentence ci-deffus a été lue, publiée & affichée à fon de trompe & cri public, par moi Henri de Valois, Juré-crieur ordinaire du Roi, de la Ville, Prévôté & Vicomté de Paris, étendue & Banlieuë de ladite Prévôté

& Vicomté, & Huiſſier à cheval en ſon Châtelet de Pa-
ris, y demeurant rue & Paroiſſe de Saint Jacques de la
Boucherie, ſouſſigné, accompagné de Louis-François
Ambezard, Jacques Hallot & Claude-Louis Ambezard,
Jurés-Trompettes, au poteau, au pilory des Halles, &
autres endroits ordinaires & accoutumés, le vingt-neuf
Juillet 1752. Signé, DE VALOIS.

A TOUS CEUX QUI CES PRESENTES LETTRES verront ; GABRIEL-JEROSME DE BULLION, Chevalier Comte d'Eſclimont, Conſeiller du Roy en tous ſes Conſeils, Prevôt de Paris ; SALUT, ſça-voir faiſons, que vû par Nous RENÉ HERAULT, Chevalier, Conſeiller d'Etat, Lieutenant Général de Police de la Ville, Prévôté & Vicomté de Paris, la Requête à Nous préſentée par les Jurez de la Com-munauté des Maîtres Jardiniers à Paris, tendante à ce qu'il nous plût ordonner que les Maîtres Jardiniers feront maintenus & gardez dans la poſſeſſion, liberté & permiſſion de vendre & débiter leurs Oignons de Fleurs, Graines de Fleurs, & Graines potageres de toutes eſpeces, les Mercredy & Samedy de chaque ſemaine ſur le Quay de la Megiſſerie, ſur des plan-ches appuyées ſur des petits Tréteaux élevez de deux pieds ou environ de terre, ainſi qu'ils ſont en uſage de le faire, comme auſſi d'y vendre leurs Arbres, Arbriſſeaux, Fleurs en pots, caiſſes, Manequins & en motte ; que les Compagnons Jardiniers ſe pla-ceront enſuite des Maîtres ainſi qu'il eſt d'uſage, & ordonner que notre Sentence qui interviendra ſur la présente.Requête fera imprimée, lue, publiée & affichée partout où befoin fera ; ladite Requête fignée P. F. Moynet, Charles Coipel, Charles Alexandre, & Gouard, tous quatre Jurez de ladite Communauté des Jardiniers, & Troquet leur Procureur, au bas de laquelle eft notre Ordonnance du 14 du mois de Juin dernier, portant ; foit montré au Procureur du Roi. Les Conclufions dudit Procureur du Roi, en datte du vingt-trois dudit mois de Juin dernier, fignée MOREAU, notre Ordonnance étant enfuite du douze du préfent mois ; Tout vû. Nous ordonnons que les Statuts & Reglemens de la Communauté des Maîtres Jardiniers à Paris, donnez au mois de Novembre 1599. regiftrez au Parlement le 17 Avril 1600. feront exécutez felon leur forme & teneur ; en conféquence, Ordonnons que conformément à iceux, les Maîtres Jardiniers feront maintenus & gardez dans la poffeffion & liberté de vendre & débiter leurs Oignons de fleurs, Graines de fleurs, & Graines potageres de toutes efpeces, les Mercredy & Samedy de chaque femaine fur le Quay de la Mégifferie, de les étaler fur des planches appuyées fur des petits Tréteaux élevez de deux pieds ou environ de terre, ainfi qu'ils font en ufage de faire, comme auffi de vendre leurs Arbres, Arbriffeaux, & Fleurs en pots, caiffes, mannequins, & en motte, & que lefdits Compagnons Jardiniers feront tenus de fe placer à la fuite des Maîtres, fans pouvoir embarraffer la voye publique, & que notre préfente Sentence fera à la diligence defdits Jurez de la Communauté des Maîtres

Jardiniers, imprimée, lue, publiée & affichée dans tous les lieux & carrefours accoutumez de cette Ville & Fauxbourgs de Paris, & partout où besoin sera, & sera notre Sentence executée, nonobstant opposition & appellation quelconque, & sans préjudice d'icelle: en témoin de quoi Nous avons fait sceller les Présentes. Ce fut fait & donné par Nous Juge susdit, le 22. Juillet 1735. Collationné, Signé CUYRET.

La Sentence cy-dessus a été lue & publiée à haute & intelligible voix, à son de trompe & cri public, en tous les lieux ordinaires & accoutumez, & notamment sur le Quay de la Megisserie, Fauxbourgs S. Antoine, du Temple, S. Martin, S. Denis, S. Honoré, S. Marcel, S. Victor, la Place Maubert & le petit Marché Saint Germain, par moi Edmé Richard Girault, Huissier à Cheval au Châtelet de Paris, Juré Crieur ordinaire du Roy, de la Ville, Prevôté & Vicomté de Paris, y demeurant, rue du Pourtour, Paroisse S. Gervais, soussigné, accompagné de Louis-François Ambezar, Jacques Hallot, & Claude-Louis Ambezar Jurez Trompettes. Le Samedi six Aout mil sept cens trente-cinq, & affiché ledit jour esdits lieux. Signé, GIRAULT.

A TOUS ceux qui ces présentes Lettres verront: GABRIEL-JEROSME DE BULLION, Chevalier, Seigneur d'Esclimont, Conseiller du Roy en tous ses Conseils, Prevôt de Paris : SALUT; sçavoir faisons, que vû par Nous RENÉ HERAULT, Chevalier, Seigneur de Vaucresson, Fontaine-l'Abbé

& autres lieux , Conſeiller d'Etat, Lieutenant Général de Police de la Ville , Prevôté & Vicomté de
Paris , la Requête à nous préſentée par les Jurés de la
Communauté des Maîtres Jardiniers de la Ville &
Fauxbourgs de Paris , expoſitive qu'aux termes des
Statuts , Sentences , Arrêts & Réglemens de leur Communauté , & de ceux de Police , & notamment par
notre Sentence du 22 Juillet 1735 , il leur eſt permis
de tems immémorial de vendre & débiter les Mercredi
& Samedi de chaque ſemaine , ſur le Quai de la Megiſſerie , appellé la Vallée , leurs marchandiſes d'oignons de fleurs , graines de fleurs , graines potageres
de toutes eſpeces , arbres , arbriſſeaux & fleurs en
pots , caiſſes , mannequins & en motte ; néanmoins ,
les nommés Pierre Anpenot , Jacques Loreau , Jacques
le Cœur , Pierre Boullard , Gaſpard-Louis Billet ,
Molart , Ambroiſe Langlois , Flaquet , & pluſieurs
autres Maîtres & Compagnons Jardiniers , & pluſieurs
autres particuliers , Regratiers & Regratieres , au lieu
de ſuivre cet uſage ſi ancien , pour ſe ſouſtraire de la
viſite des Jurés , colportoient , vendoient & débi-
toient journellement par les rues leurs marchandiſes
de fleurs , arbres & arbriſſeaux , en pots , caiſſes &
mannequins , très-défectueuſes , & trompent le Public , en ce qu'au lieu d'oignons de fleurs doubles &
racines d'arbres vivans que l'on croyoit être enracinés
dans ces pots , caiſſes & mannequins , ils n'y mettoient
les jours & la veille qu'ils les vouloient vendre , que
des branches d'arbres & fleurs poſtiches , mettoient un
montant d'œillet double dans un pied de ſimple , qui
périſſoient

périſſoient du jour au lendemain : Et comme les Supplians ne pouvoient pas remédier à cet abus, parce
que ces Jardiniers, Colporteurs, Regratiers & Regratieres qui refuſoient de ſe rendre au lieu deſtiné pour
la vente de leurs marchandiſes, qui eſt ſur le Quai
de la Megiſſerie, évitoient la viſite de leurs marchandiſes défectueuſes & continuoient avec ſuccès leurs
fraudes, les Supplians pour y remédier auroient été
obligés de nous préſenter cette Requête, & de con-
clure par icelle, à ce qu'il nous plût faire défenſes à
tous Maîtres & Compagnons Jardiniers, de colporter
par les rues, vendre & débiter leurs marchandiſes
d'oignons de fleurs, fleurs de printems ni d'automne,
ni aucun autre tems, arbres ni arbriſſeaux, & qu'il
leur fût enjoint de les expoſer, vendre & débiter au
lieu deſtiné à cet effet, qui eſt ſur le Quai de la Megiſſerie, les Mercredi & Samedi de chaque ſemaine,
comme il eſt d'uſage : & en cas de contravention,
permettre aux Jurez de ſaiſir les marchandiſes d'oignons de fleurs, graines de fleurs, arbres & arbriſſeaux
qui ſe trouveroient être colportés par les rues, & où
trouvés ſeroient, comme auſſi faire défenſes à tous
Regratiers & Regratieres, de vendre aucunes marchandiſes de fleurs & jardinages ſur le Quai de la Megiſſerie, ni de s'y placer, ſous telle peine & amende
qu'il appartiendroit, & ordonner que notre Sentence
qui interviendroit ſur ladite Requête ſeroit imprimée,
lûe, publiée & affichée par tout où beſoin ſeroit; ladite Requête ſignée Moinet, Charles Coipel, Charles
Alexandre, Gouard, & Troquet Procureur, ſur la-

O

quelle eſt notre Ordonnance du ſept Septembre dernier, portant qu'elle ſeroit communiquée au Procureur du Roy : les Concluſions du Procureur du Roy
étant enſuite, en datte du quatorze dudit mois de
Septembre, ſignées Moreau, les Statuts de la Communauté des Maîtres Jardiniers à Paris, données au
mois de Novembre mil cinq cens quatre-vingt-dix-
neuf, regiſtrées au Parlement le dix-ſept Avril mil
ſix cens, notre Sentence ſuſdatée : Tout vû & conſideré : Nous ordonnons que les Statuts, Sentences,
Arrêts & Réglemens de ladite Communauté, ſeront
exécutés ſelon leur forme & teneur; en conſéquence
faiſons défenſes à tous Maîtres & Compagnons Jardiniers, de colporter par les rues, vendre & débiter
leurs marchandiſes d'oignons de fleurs, fleurs de printems, d'automne & autres tems, arbres & arbriſſeaux,
leur enjoignons de les expoſer, vendre & débiter ſur
le Quai de la Megiſſerie les Mercredi & Samedi de chaque ſemaine, & aux Compagnons de s'y placer enſuite des Maîtres, conformément à notre Sentence du
22 Juillet dernier : Et en cas de contravention, permettons aux Jurés de ladite Communauté, de ſaiſir
leſdites Marchandiſes : comme auſſi faiſons défenſes
à tous Regratiers & Regratieres de ſe placer ni vendre
aucunes marchandiſes de fleurs & jardinages ſur le
Quai de la Megiſſerie, à peine de dix livres d'amende :
Ordonnons que notre préſente Sentence ſera, à la diligence des Jurés, lue, publiée & affichée dans tous
lieux & carrefours accoutumés de cette Ville & Fauxbourgs de Paris, & par tout où beſoin ſera : Ce qui

fera exécuté nonobſtant oppoſitions ou appellations quelconques, & ſans préjudice d'icelles, en témoin de quoi nous avons fait ſceller ces préſentes qui furent faites & données par Nous Juge ſuſdit, le quatorzieme jour de Septembre mil ſept cens trente-cinq.

Collationné, *Signé*, DEBEAUVAIS.

A TOUS ceux qui ces Préſentes Lettres verront, CHARLES-DENIS DE BULLION, Chevalier, Marquis de Gallardon, Conſeiller du Roi en ſes Conſeils, Garde de la Prévôté de Paris; SALUT: Sçavoir faiſons, que ſur la Requête faite en jugement devant Nous en la Chambre de Police du Châtelet de Paris, par Maître Pierre Thibault, Procureur de Jean Saulnier Maître Jardinier à Paris; Défendeur aux fins de l'Exploit de Bien Huiſſier de la Monnoye, le deux Mars dernier afin de payement de vingt-huit livres dix-ſept ſols de reſtitution de Hardes & dépens, & Demandeur aux fins de deux Exploits de Gohin, Huiſſier à Verge, du trois Mars dernier, contrôlé à Paris le même jour par Chineau, dûement préſenté au Greffe, tendant à ce que Jean Chemery, auſſi Maître Jardinier fût condamné de mettre la nommée Bombart hors de ſon ſervice, l'ayant reçue chez lui au préjudice des Statuts, Sentences, Réglemens de Police & Arrêts, avec amende & dépens, & en deux cens livres de dommages & intérêts, & que ladite Bombart fût condamnée de rentrer chez ledit Demandeur d'où elle eſt ſortie ſans aucun ſujet, & ſans avoir demandé congé, après y avoir paſſé l'hyver, & en

O ij

tous ses dommages & intérêts ; & encore Demandeur
aux fins de sa Requête à Nous présentée , & notre
Ordonnance étant au bas d'icelle dudit jour trois Mars
dernier , & de l'Exploit fait en conséquence par ledit
Gohin Huissier à Verge , le sept dudit mois de Mars ,
contrôlé à Paris par ledit Chineau , ce fait dûement
présenté au Greffe , tendante afin de révocation de
l'assignation que ladite Bombard a fait donner au Demandeur aux Auditeurs , le deux dudit mois de Mars
devant Nous : Défenses de procéder ailleurs sur les
peines ordinaires , & Défendeur aux Requêtes verba-
les d'intervention , signifiées de la part des Jurés Jardiniers , & de Pierre Bourg , pour faire exécuter par
ledit Chemery les Réglemens , & pour y avoir con-
trevenu en prenant les Domestiques dudit Saulnier ;
& outre qu'il sût condamné à les mettre hors avec
dépens , dommages & intérêts , & défenses de récidiver sur telles autres peines qu'il appartiendra , assisté
de Maître Pilon son Avocat ; contre Maître François
Sautus Procureur dudit Chemery ; & de la nommée
Bombard , Défendeurs. Me Florentin de Jouy Procureur des Jurés Jardiniers , Intervenans & Demandeurs aux fins de ladite Requête verbale signifiée le
14 Mars dernier , assistés aussi de Me Pilon leur Avocat ; & M^e le Roux Procureur de Pierre Bourg Maître Jardinier à Paris , Intervenans & Demandeur suivant ladite Requête verbale dudit jour cinq dudit présent mois , assisté de Me Fouassier son Avocat. Parties
ouies , lecture faite de leurs pieces : Nous avons reçû
les Parties de Jouy & le Roux , Parties intervenan-

tes ; & faisant droit sur leur intervention : ORDON-
NONS que la nommée Bombard sera tenue de rentrer
chez la Partie de Pilon, en payant préalablement par
ladite Partie de Pilon suivant ses offres à ladite Bombard, douze livres qu'il a reconnu devoir, en affir-
mant par lui ne devoir plus grande somme; sera tenu
ledit Chemery, Partie Sautus, de mettre le nommé
François hors de son service, & pour l'avoir pris à
son service sans avoir congé, l'avons condamné en
tous les dépens pour tous dépens, dommages & intérêts; au surplus les Statuts & Réglemens exécutés;
en conséquence, avons fait défenses aux Compagnons
& Servantes des Jardiniers de sortir de la maison où
ils auront été arrêtés jusques à ce que l'année soit en-
tiérement expirée. Et sera la présente Sentence, affichée aux lieux & endroits accoutumés, ce qui sera
exécuté sans préjudice de l'appel. En témoins ce fut
fait, ordonné par Messire Marc-René de Voyer DE
PAULMY D'ARGENSON, Conseiller du Roi, Lieutenant Général de Police, tenant le Siege le Vendredi
huit Avril mil sept cens un.

Collationnée, signée TARDIVEAU, & scellée,
& signifiée le 22 Avril 1701.

LOUIS PAR LA GRACE DE DIEU, ROI DE FRANCE ET DE NAVARRE, au premier des Huiffiers de notre Cour de Parlement ou autres requis : fçavoir, faifons, qu'entre Pierre Cochois l'aîné pere, Maître Jardinier à Paris, Appellant d'une Sentence rendue par le Lieutenant-Général de Police au Châtelet de Paris, le vingt-cinq Novembre mil fept cent dix-huit, & ce qui a fuivi & demandeur en Requête du cinq Septembre mil fept cent dix-neuf, à ce qu'il plût à nôtredite Cour le recevoir oppofant à l'exécution de l'Arrêt par défaut obtenu par les Intimés & défendeurs, ci-après nommés le dix-neuf Août mil fept cent dix-neuf, fignifié le vingt-huit dudit mois faifant droit fur l'oppofition que la procédure, fût déclarée nulle avec dépens d'une part, & les Jurez de la Communauté des Maîtres Jardiniers de la Ville, Fauxbourgs & Banlieue de Paris, Intimés & Défendeurs d'autre part, après que Sarazin, Avocat de Cochois & Julien le jeune, Avocat des Jurés de la Communauté des Jardiniers, ont dit qu'en Communiquant au Parquet de nos Gens, où les Parties ont été renvoyées par Arrêt contradictoire du dix-neuf Juillet mil fept cent vingt pour en paffer par leur avis, ils font demeurés d'accord de l'appointement figné d'eux, paraphé de Gilbert pour notre Procureur-Général, NOTREDITE COUR ordonne que l'appointement fera reçû & fuivant icelui à reçû la Partie de Sarazin oppofante à l'Arrêt par défaut, au principal a mis & met l'appellation au néant, ordonne que ce dont eſt appel ſortira effet, condamne la partie de Sarazin en l'amende & aux dépens de cauſe d'Appel même en ceux réſervés par l'Arrêt du quinze Mai mil ſept cent dix-neuf, s'y mandons mettre le préſent Arrêt à l'exécution donné en Parlement, le premier Mars l'an de grace mil ſept cent vingt-un & de notre Regne le quatriéme, collationné, ſigné Langelé, ſigné par la Chambre du Franc.

A TOUS ceux qui ces presentes Lettres, verront Charles Denis de Bullion, Chevalier, Marquis de Gallardon & autres lieux, Garde de la Ville, Prévôté & Vicomté de Paris : Salut, ſçavoir faiſons que ſur la Requête faite en jugement devant nous en la Chambre de Police, par Mᵉ Pierre Thibault, Procureur des Jurés de la Communauté des Maîtres Jardiniers de cette Ville & Fauxbourgs de Paris, Demandeurs aux fins de l'exploit de ſaiſie fait par Gohin, Huiſſier en cette Cour le ſix de ce mois, ſur la défendreſſe ci-après nommée controllé à Paris le huit par Hugin, préſenté au Greffe le dix, afin que défenſes ſoient faite à ladite défendreſſe de plus à l'avenir expoſer aucun Buits ſur la Vallée, attendu qu'elle ne veut ſouffrir aucune viſite & que les Buits par elle expoſée ſont en contravention, qu'elle ſera condamnée en cinquante livres de dommages & intérêts envers leſdits Jurés, avec amende & dépens contre la nommée Robert, femme de ſoldat défendreſſe & défaillante, oui ledit Thibault, n ſon plaidoyer & par vertu du défaut de Nous

donné contre ladite défendresse , non-comparante ni
Procureur pour elle duement appellée lecture faite
de l'exploit de saisie susdatté , ensemble des Statuts
& Réglemens de ladite Communauté des Maîtres Jardiniers, NOUS pour le profit dudit défaut , avons
fait & faisons très-expresses défenses à ladite Défendresse de plus à la venir , contrevenir aux Réglemens
de Police concernant le fait dont il s'agit & exposer
aucune bottes de Buits en vente sur la Vallée & ailleurs, au moins qu'elle n'ayent trois pieds de tour ,
& pour l'avoir fait ainsi qu'il résulte par l'exploit de
demande desdits Jardiniers, & attendu la rebellion
par elle faite à justice lors de la visite par eux faites
dudit Buits, la condamnons en dix livres de dommages & intérêts envers eux, en trois livres d'amende &
aux dépens liquidés à cent sols, non-compris ces présentes qui seront exécutées sans préjudice de l'appel , &
soit signiffié en témoin de ce nous avons fait sceller
ces présentes ce fut fait & donné par Messire Marie
René, de Voyer, de Paulmy d'Argenson Conseiller du Roi en ses Conseils , Lieutenant-Général de
Police, tenant le siége le Vendredi vingt-six Novembre mil sept cent, collationnée, signé , TARDIVEAU,
& scellé par TARDIVEAU.

A TOUS ceux qui ces présentes Lettres, verront
Charles Denis de Bullion, Chevalier Marquis
de Gallardon & autres lieux, Conseiller du Roi en
ses Conseils, Garde de la Prevôté & Vicomté de Paris : Salut, sçavoir faisons que sur la Requête faite

en

en jugement devant nous en la Chambre de Police,
du Châtelet de Paris par Mᵉ Pierre Thibault Procureur des Jurés de la Communauté des Jardiniers de
cette Ville de Paris, Demandeurs ſuivant leur plainte
rendue au Commiſſaire de Lenne, le trente Août dernier & exploit fait par Gohin, Huiſſier à Verge au
Châtelet de Paris, les premiers & trois Septembre
dernier, controllé à Paris par Hugon le même jour
trois & moyen par leur demande ſignifiés par De-
ville, Huiſſier Audienciers le dix-ſept du préſent mois
afin que les Défendeurs ci-après nommés, fuſſent condamnés en deux cens livres de dommages & intérêts
applicables à la Confrairie de Saint Fiacre, établie pour
les Jardiniers à Saint Nicolas-des-Champs, amende
& dépens, & les ornemens tranſportés à la Chapelle
Saint Fiacre, à Saint Nicolas-des-Champs, aſſiſté de
Mᵉ Pierre Pillon leur avocat, contre Mᵉ Mallet Procureur de Pierre Foucout, Claude Cabot, Guillaume Racine, Pierre Poulard ſe prétendant Maîtres
de la Confrairie de Saint Fiacre, érigée en l'Egliſe
des grands Auguſtins à Paris, Défendeurs aſſiſté de
Mᵉ Perchon leur Avocat, Mᵉ Denonville Procureur,
Nicolas Prévôt, Marchand de Bois, Bourgeois de Paris,
& Mᵉ Baudouin, Procureur du nommé Gambard auſſi
Défendeur, auſſi aſſiſté de Mᵉ Perchon parties ouyes,
lecture faite de notre Sentence du 27 Août mil ſix cent
quatre-vingt-dix-neuf, rendue entre les Jurez Jardiniers,
contre Arras, & Jean Leguay, au ſujet de la Confrairie de Saint Fiacre, érigée en l'Egliſe de la Mag-
delaine, plainte demande & autres piéces, NOUS

P

après que Perchon pour ledit Gambart de Dénon-
ville, pour fa Partie ont déclarés n'être Compagnons
Jardiniers, à leurs égard, les avons mis hors de Cour
& de Procès, dépens compensés & à l'égard des Compagnons Jardiniers autre partie de Perchon, leur
avons fait défenfes de faire aucunes affemblées fous
prétexte de Confrairie ni autrement à peine de cent
livres d'amende, foit dans l'Eglife des Auguftins où
ailleurs, faifons défenfes aux Religieux Auguftins &
à tous autres de les recevoir à peine de faifie de leur
temporels, ordonnons que les ornemens & argente-
ries, fi aucuns y a feront portés en l'Eglife de Saint
Nicolas des Champs ou eft établie la Confrairie de
Saint Fiacre, Patron de la Communauté des Jardiniers, au profit de laquelle les avons confifqués ; à la
repréfentation, feront les Auguftins contraints & en
ce faifant décharges ; lefdits Compagnons Parties de
Perchon, condamnés aux dépens, EN TEMOIN de ce
Nous avons fait fceller ces préfentes, fait & ordonné par Me Marc René de Voyer d'Argenfon, Chevalier, Confeiller du Roi en fes Confeils, Maitre des
Requêtes ordinaire de fon Hôtel, Lieutenant-Général de Police, tenant le fiége le Jeudi vingt-fept Janvier mil fept cent un, collationné, figné, SCELLE'
SIGNIFIE' A M. MALLET, DENONVILLE, ET
BAUDOUIN à domicile, le 18 Mai 1710.

A TOUS ceux qui ces presentes, Lettres verront:
Charles Denis de Bullion, Chevalier, Marquis
de Gallardon & autres lieux, Conseiller du Roi en
ses Conseils, Garde de la Prévôté & Vicomté de Paris : Salut, sçavoir faisons, que sur la Requête faite en
jugement devant nous à l'Audience de la Chambre
de Police du Châtelet, par Me Pierre Thibault, Procureur des Jurés de la Communauté des Maîtres Jardiniers de cette Ville de Paris, Demandeurs aux fins
de l'exploit de saisie fait par Guidot, Huissier, le vingt-
neuf Mars dernier, controllé à Paris le trente-un par
Bousselin présenté & controllé, tendant afin de vali-
dité de ladite saisie, défenses, amende, dommages,
intérêts & dépens, pour avoir par les ci-après nommés fumé leurs terres, sur lesquelles ils avoient des
légumes de matiere fécale & de voirie fraîche CONTRE
la Veuve Spire & Fiacre, Langlois Jardinier, Défendeurs & défaillans, & par vertu du défaut de nous
donné contre eux non-comparants, ni Procureur pour
eux dûement appellez, & pour le profit, NOUS
avons faits défenses aux défaillans de plus à la venir
fumer lesdites terres de matiere fécale & de voirie, &
pour l'avoir fait, les condamnons en chacun trois livres de dommages & intérêts, quarante sols d'amende
& aux dépens, ce qui sera exécuté sans préjudice de
l'appel, & soit signiffié, EN TEMOIN de ce nous
avons fait sceller ces Présentes, faites & données par
Messire Marc René, de Voyer d'Argenson, Conseiller du Roi, Lieutenant de Police, tenant le siége le

P ij

Vendredi fept Septembre mil fept cent huit, collationné, figné TARDIVEAU, & fcellée par PILLON.

---

*Extrait des Minuttes du Greffe de la Chambre de Police
du Châtelet de Paris.*

Du Vendredy 25 Novembre 1718.

SUr la Requête faite en Jugement devant nous
à l'Audience de la Chambre de Police par
Me Jean-Baptifte Troquet l'aîné, Procureur des
Jurez de la Communauté des Maîtres Jardiniers à
Paris, Demandeurs en confirmation d'avis du Procureur du Roy du huit Octobre dernier, qui ordonne que les Réglements de Police feront exécutés, fait deffenfes au Deffendeur cy-après nommé de
plus à l'avenir, travailler dans fon Jardin & Marais
les jours de Dimanche & Feftes & pour l'avoir fait
condamne led. Deffendeur en fix livres de dommages
& interêts envers les Jurez, en quarante fols d'a-
mende & aux dépens, fuivant leur exploit du quinze
dud. mois, controllé à Paris le dix-huit par Chefneau
contre Me Hubert l'aîné, Subftitut de Me Potier,
Procureur du nommé Cochois, Deffendeur ; Parties
ouyes : Nous avons l'avis du Procureur du Roy
confirmé avec dépens, ce qui fera executé.

Collationné à la Minute de lad. Sentence delivrée
par moy fouffigné l'un des Greffiers de la Chambre
de Police, dépofitaire de lad. Minutte comme ayant

succédé à Me Polcarin qui avoit succedé à Me Pinfot ce treize Septembre mil sept cent quarante-cinq. Signé V I M O N T.

A TOUS ceux qui ces préfentes Lettres verront: Gabriel-Jérôme DE BULLION , Comte d'Efcli-mont, Prevôt de Paris. Salut , fçavoir faifons, que fur la Requête faite en Jugement devant nous à l'Au-dience de la Chambre de la Police du Châtelet de Paris , par Maître Chriftophe Delaplace , Procureur des Jurés en Charge de la Communauté des Maîtres Jardiniers-Fleuriftes de la Ville , Fauxbourgs & Ban-lieux de Paris, Demandeurs aux fins de leur Exploit du trente Avril dernier , fait par Philippe Martin , Huiffier à Verge en cette Cour, duement controllé le deux Mai , par Piton, & prefenté au Greffe , ten-dant entre-autres chofes à ce que l'Avis de Monfieur le Procureur du Roi, du vingt-neuf dudit mois d'A-vril , foit confirmé felon fa forme & teneur avec dépens, dommages, intérêts, affifté de Maitre d'Hyere, Avocat , contre Maître Jean-Baptifte Mauger l'aîné , Procureur du fieur Jacques Gaffelin, Compagnon Jardinier, Défendeur , affifté de Maître de la Broffe, fon Avocat. Parties ouyes , nous avons l'Avis dont eft queftion, confirmé, & en conféquence difons que dans vingt-quatre heures, à compter de la fignifica-tion de notre préfente Sentence , la Partie de de La-broffe fera tenu de écheniller les Arbres dont il s'a-git ; finon & à faute de le faire dans ledit temps permettons aux Parties de d'Hyere de fe tranfporter

dans les Marais dont il s'agit, & d'y faire écheniller
en leur présence lesdits Arbres aux frais & dépens
de de Labrosse dont executoire sera délivrée du montant des frais contre ladite Partie de de Labrosse sur
la quittance de l'Ouvrier, & pour sa contravention
commise au Reglement de Police le condamnons en
six livres de dommages, intérêts seulement, & trois
livres envers les Parties de d'Hyere, & aux dépens.
Permettons en outre aux Parties de d'Hyere de faire
imprimer & afficher par-tout où besoin sera notre
présente Sentence, & d'en faire mention sur le Registre de leur Communauté : ce qui sera executé nonobstant & sans préjudice de l'appel : en témoins de
ce nous avons fait sceller ces présentes. Ce fut fait &
donné par Nous Messire Claude-Henri FAYDEAU DE
MARVILLE, Chevalier Conseiller du Roi en ses Conseils, Maistre des Requêtes ordinaire de son Hôtel,
Lieutenant général de Police au Châtelet tenant le
siége le Vendredi vingt Mai mil sept cent quarante.
Collationné, signé Cuyret, & scellé par Sauvage,
le vingt-quatre Mai, & controllé par Remy.

*Extrait des Registres de la Chambre de M. le Procureur
du Roy au Châtelet de Paris.*

Du Mardy 26. Janvier 1745.

ENtre les Sieurs Jurés de présent en Charge de
la Communauté des Maistres Jardiniers de la
Ville, Fauxbourgs & Banlieuë de Paris, Demandeurs

suivant leur Procès verbal de contravention, du vingt-
un Décembre dernier fait par Baudrain , Huissier à
Cheval en cette Cour, duement controllé le vingt-
quatre dud. mois & encore aux fins de leur exploit
fait par led. Baudrain led. jour 24 Décembre duement
controllé & présenté au Greffe aux fins y contenues , avec dommages, intérêts, amende & dépens
assisté de Me de Laplace leur Procureur , contre le
Sieur Philippes Berry aussi Maître Jardinier de Paris,
Deffendeurs & Deffaillant ouy led. Me de Laplace ,
en son Plaidoyer & par vertu du deffaut de nous
donné contre ledit Berry , non-comparant ni autre
pour lui duement appellé lecture faite dud. Procés-
verbal & exploit de demande susdaté, Nous disons
que les Statuts , Arrêts & Réglemens de la Communauté des Maistres Jardiniers seront executés selon
leur forme & teneur, & pour la contravention commise par le deffaillant pour avoir travaillé le vingt-un
Décembre dernier jour & Feste S. Thomas pendant
le Service Divin, le condamnons en douze livres de
dommages, intérêts envers lesdits Demandeurs , à six
livres d'amende, lui faisons deffenses de récidiver sur
plus grande peine , & le condamnons aux dépens,
ce fut fait & donné par Me François Moreau , Conseiller du Roy en ses Conseils , & son Procureur au
Châtelet de Paris, tenant le Siege les jour & an
que dessus. *Signé* LEGRAS.

A TOUS ceux qui ces Préfentes Lettres verront : GABRIEL-JEROSME DE BULLION, Chevalier, Comte d'Efclimont, Seigneur de Wideville, & autres lieux, Prévôt de Paris : SALUT, fçavoir faifons ; que fur la Requête faite en Jugement devant Nous à l'Audience de la Chambre de Police du Châtelet de Paris, par Me de la Place, Procureur des Sieurs Jurés de préfent en Charge de la Communauté des Maîtres Jardiniers de la Ville, Fauxbourgs & Banlieuë de Paris, Demandeurs au principal, & en coufirmation de l'avis de Monfieur le Procureur du Roi du vingt-fix Janvier dernier, fuivant leur Exploit du trente dudit mois de Janvier fait par Baudrain, contrôlé & préfenté aux fins y contenues avec dépens, affifté de Me d'Hiere leur Avocat, contre Me Bordier Procureur de Philippes Berry, auffi Maître Jardinier à Paris, Défendeur au principal, & à l'Exploit dudit jour trente Janvier dernier, Demandeur, concluant fuivant fes écritures du premier du préfent mois, affifté de Me Thiebart fon Avocat, Parties ouies, Nous avons l'avis du Procureur du Roi du vingt-fix Janvier dernier, confirmé felon fa forme & teneur ; & néanmoins la Partie de Thiebaut déchargé de l'amende & des douze livres de dommages & intérêts, la condamnons aux dépens pour tous dommages-intérêts, ce qui fera exécuté nonobftant & fans préjudice de l'appel, en témoin de quoi Nous avons fait fceller ces préfentes, qui furent faites & jugées par Meffire CLAUDE-HENRY FEYDEAU, Chevalier, Seigneur de Marville, Lieutenant

tenant Général de Police au Châtelet de Paris, tenant le Siege le Vendredi douze Février mil sept cens quarante-cinq. Collationné. *Signé*, LAMBERT, & scellé le trois Février 1745.

A TOUS ceux qui ces Présentes Lettres verront : GABRIEL-JEROSME DE BULLION, Chevalier, Comte d'Esclimont, Prevôt de Paris : SALUT, sçavoir faisons ; que sur la Requête faite en Jugement devant Nous à l'Audience de la Chambre Criminelle du Châtelet de Paris, par Mᵉ Christophe Delaplace, Procureur des sieurs Pierre Delaunay, Louis Doinet, Nicolas Brochet & Pierre Descemet, tous quatre Jurés en Charge de la Communauté des Maîtres Jardiniers fleuristes de la Ville, Fauxbourgs & Banlieuë de Paris, Demandeurs complaignans, suivant la plainte par eux rendue à Mᵉ Duprez Commissaire, le 31 Juillet dernier, Ordonnance étant au bas du même jour, scellé le deux Août ensuivant, & Exploit en conséquence de ladite Ordonnance ledit jour deux Août par Charpentier Huissier en l'Amirauté du Palais, dûement contrôlé ledit jour deux Août, & présenté au Greffe aux fins y contenues, avec dommages-intérêts & dépens, & Défendeurs à l'assignation à eux donnée le trois dudit mois d'Août par Lombard Huissier à cheval en cette Cour & Demandeur, concluant suivant leurs écritures du cinq dudit mois, signifiées par Dessouslemontier, aussi aux fins y contenues avec dépens, assistés de Mᵉ Dhier leur Avocat, contre Mᵉ Boyer Procureur de Nicolas Contenay

Q

aussi Maître Jardinier à Paris, Défendeur accusé, aussi Demandeur complaignant, suivant sa plainte & exploits des deux & trois de ce présent mois d'Août, assisté de Me Dumont, son Avocat, Parties ouies, Nous ayant égard aux plaintes respectives des Parties, leur faisons défenses respectives de récidiver, & cependant enjoignons à la Partie de Dumontet à porter honneur & respect aux Parties Dhier, & la condamnons aux dépens, ce qui sera exécuté nonobstant & sans préjudice de l'appel, en témoin de ce Nous avons fait sceller ces présentes, qui furent faites & données par Monsieur le Lieutenant Criminel au Châtelet de Paris, y tenant le Siege le Vendredi vingt-sept Août mil sept cens quarante-cinq. Collationné. *Signé*, DE BEAUVAIS, & scellé par SAUVAGE.

A TOUS ceux qui ces présentes Lettres verront: GABRIEL-JEROSME DE BULLION, Chevalier, Comte d'Esclimont, Prevôt de Paris. SALUT, sçavoir faisons, que sur la Requête faite en Jugement devant Nous à l'Audience de la Chambre de Police du Châtelet de Paris, par Me Delaplace Procureur des Jurez en Charge de la Communauté des Maîtres Jardiniers de cette Ville, Fauxbourgs & Banlieuë, Demandeurs au principal suivant leurs deux procès verbaux du même jour dix-sept Octobre mil sept cent quarante-trois, dressé par Baudrain Huissier à cheval en cette Cour, dûement contrôlé le dix-neuf dudit mois par le Grand, & encore aux fins de l'Exploit du même jour dix-neuf dudit mois d'Octobre, fait

pareillement par ledit Baudrain, & contrôlé le vingt-
un dudit mois par de la Fleuterie, & présenté aux
fins y contenues avec dépens, dommages-intérêts, &
Demandeurs en confirmation de l'avis du Procureur
du Roy du dix-neuf Novembre audit an, suivant
leur requête verbale signifiée le sept Décembre dernier par Germain Huissier Audiencier, aussi aux fins
y contenues avec dépens, dommages-intérêts, assisté
de Mᵉ Dhier Avocat, contre Mˢ Pottier Procureur
de Jacques Corpet & François Collard, tous deux se
disant Bourgeois de Paris, Compagnons Jardiniers,
Défendeurs au principal & Demandeurs, concluant
suivant leurs écritures signifiées le dix-neuf Novembre dernier, assisté de Mᵉ Thiebart Avocat, Parties
ouies sans que les qualités puissent nuire ni préjudicier, Nous avons l'avis du Procureur du Roy du dix-
neuf Novembre mil sept cens quarante-trois confirmé : Disons que les Statuts, Arrêts & Réglemens de
Police concernans la Communauté des Maîtres Jardiniers, seront éxécutés selon leur forme & teneur,
en conséquence les Parties de Thiebart tenus de tenir
les puits & tonneaux de leurs marais & jardins hors
de danger & en bon état, & pour la contravention
par eux commise, les condamnons chacun en dix livres de dommages-intérêts envers les Parties Dhier
& en tous les dépens, ce qui sera exécuté nonobstant
& sans préjudice de l'appel, en témoin de ce Nous
avons fait sceller ces présentes, faites & données par
M. de Marville, Lieutenant Général de Police audit
Châtelet, y tenant le Siege le vingt-neuf Janvier mil

sept cens quarante-cinq, & délivrée pour seconde
grosse le trente Avril mil sept cens cinquante-cinq.
Collationnée. *Signé*, LAMBERT, & scellé par
SAUVAGE.

A TOUS ceux qui ces présentes Lettres verront :
Alexandre de Ségur, Chevalier, Seigneur de
Calon, Tasse, Quairac & autres lieux, Conseiller du
Roi en ses Conseils, Président du Parlement de Bor-
deaux, Prévôt de la Prévôté & Vicomté de Paris,
Conservateur des privileges royaux de l'Université de
ladite Ville ; SALUT, sçavoir faisons que sur la requête
faite en Jugement devant nous, à l'Audience de la
Chambre de Police du Châtelet de Paris, par Me
Christophe Delaplace, Procureur des sieurs Jurés en
charge de la Communauté des Maîtres Jardiniers fleuristes de la Ville, Fauxbourgs & Banlieuë de Paris,
demandeurs au principal & en confirmation de l'avis
de Monsieur le Procureur du Roi, du 23 Juillet dernier, suivant leur requête verballe du 28 dudit mois,
& défendeurs à la demande incidente en infirmation
dudit avis, portée par les écritures du 11 Octobre dernier, contenant leurs moyens de reproches contre les
témoins que le ci-après nommé a fait entendre en son
enquête & aux fins de leur requête verballe signifiée le
15 dudit mois d'Octobre par Carnot, Huissier Audiencier tendante entre autres choses, à ce qu'en conséquence de la preuve résultante de l'enquête qu'ils ont
fait faire devant Me. Trudon Commissaire datée au
commencement du 30 Septembre dernier, en exécu-

tion de la Sentence du 3 dudit mois, l'avis de Monsieur le Procureur du Roi susdatté, sera confirmé selon sa forme & teneur avec dépens. Défendeur à celle signifiée de la part du ci-après nommé, le 14 du même mois, & demandeur concluant suivant leurs écritures du 4 Décembre dernier, assisté de Mᵉ. Dhier leur Avocat, contre Mᵉ. Perrot le jeune, Procureur de Jean-Baptiste Thiout, se disant voiturier par terre à la Chapelle saint Denis, & faisant le commerce de jardinage, défendeur au principal, & demandeur en infirmation de l'avis de Monsieur le Procureur du Roi ci-devant daté, suivant ses écritures du 29 Juillet dernier, & aux fins de sa requête verballe du 14 Octobre aussi dernier, & défendeur aux requêtes ci-devant datées, assisté de Mᵉ. de Varicourt son Avocat. Parties ouis, ensemble noble homme M. Mᵉ. Moreau, Avocat du Roi en cette Cour, Nous en conséquence de la preuve résultante de l'enquête des Parties de Dhier, sans s'arrêter ni avoir égard à celle faite à la requête des Parties de Varicourt, avons l'avis du Procureur du Roi du 23 Juillet dernier, confirmé; en conséquence condamnons ladite partie de Varicourt à payer à celle de Dhier, vingt sols pour les deux droits de visites dont il s'agit, & ainsi continuer à raison de dix sols chaque visite, tant que ladite partie de Varicourt fera le commerce de jardinage, & qu'il continuera d'avoir une place à la Halle pour y vendre ses marchandises & denrées de jardinage, autres jours que les Mercredis & Samedis, suivant l'Arrêt du Conseil d'Etat de sa sa Majesté, du 30 Avril 1697, condamnons ladite

Partie de Varicourt aux dépens ; ce qui sera exécuté nonobstant & sans préjudice de l'appel : En témoin de ce, nous avons fait sceller ces présentes, faites & données par Messire Nicolas-René Berryer, Lieutenant Général de Police de la Ville, Prévôté & Vicomté de Paris, tenant le Siege le Vendredi 7 Janvier 1746, & délivrée pour seconde grosse le 30 Avril 1755, signé Lambert, & scellé par Sauvege.

A TOUS ceux qui ces présentes Lettres verront, Alexandre de Segur, Chevalier, Seigneur de Calon & autres lieux, Prévôt de Paris ; SALUT, sçavoir faisons que sur la requête faite en jugement devant nous, à l'Audience de la Chambre de Police du Châtelet de Paris, par Me. Christophe Delaplace, Procureur des Jurés en charge de la Communauté des Jardiniers de Paris demandeurs aux fins de leur procèsverbal de contravention du 11 Mai dernier, fait par Baudrain, Huissier à cheval, & aux fins de leur Requête, Ordonnance & Exploit du 18 Mai, ledit exploit fait par ledit Baudrain, contrôlé le même jour par Berthet & présenté cejourd'hui par Fougeron, & encore demandeurs aux fins de l'Ordonnance de Me le Lieutenant de Police du lendemain, étant au bas du procès-verbal de référé en son Hôtel du même jour, & encore demandeurs aux fins du procès-verbal d'échenillement fait par ledit Baudrain du 25 dudit mois ; & de leur requête verbale du premier jour, tendante aux fins y portées, avec amende & dépens, dommages & intérêts, & défendeurs aux écritures du 8 Juillet, auſſi tendante aux fins y portées avec, aſſiſté de M°. Thiebard, Avocat, contre M°. Grandpierre, Procureur de M°. Durand, Avocat au Parlement, propriétaire d'une Cour en forme de jardin & d'une maiſon ſiſe rue Carême-prenant, contrevenant & défendeur, & demandeur aux fins de ſes écritures ſuſdatées, aſſiſté de M°. Delabroſſe, Avocat; Parties oüies ſans que les qualités puiſſe nuire ni préjudicier, Nous diſons que les reglemens concernant l'écheinllement ſeront exécutés ſelon leur forme & teneur, tenue la partie de la Broſſe de s'y conformer, à faute de l'avoir fait, le condamnons à rendre & payer aux parties de Thiebard la ſomme de ſix livres qu'elles ont payées pour l'échenillement des arbres de ſa maiſon, & en dix livres de dommages & intérêts envers leſdites parties de Thiebard, & aux dépens, ſauf à la partie de la Broſſe, ſon recours contre qui elle aviſera; ce qui ſera exécuté nonobſtant & ſans préjudice de l'appel, en témoin de ce, nous avons fait ſceller ces préſentes, qui furent faites & données par Monſieur le Lieutenant Général de Police au Châtelet de Paris, tenant le Siege, le Vendredi 13 Août 1756. Collationnées, ſignées, ſcellées & ſignifiées à M°. Grandpierre, Procureur & domicile le 26 Août 1756. Signé Thybert.